Week 06

QR코드 하나를 가리고 찍으면 편해요!

Day 01 기출 패러프레이징 ❶ Part 3, 4

1 contact

• talk to / speak to
~에게 말하다

• call / give A a call
(A에게) 전화하다

• e-mail / send an e-mail
이메일을 보내다

~에게 연락하다

M: I'll **send out an e-mail** to the staff and see what they think about the new schedule.
직원들에게 이메일을 보내서 그들이 새 일정에 대해 어떻게 생각하는지 알아보겠습니다.

Q. 무엇을 할 것인가?
➜ **Contact** some employees

만점 TIP

• phone number, e-mail address, fax number, mailing address 등을 통칭하여 contact information(연락처)이라고 합니다.

2 public transportation

• bus, taxi, subway

대중교통

W: I was thinking I should take the **bus or subway**. That way, I won't have to worry about parking.
버스나 지하철을 타야 할까 생각 중이었어요. 그럼 주차 걱정을 할 필요가 없으니까요.

Q. 무엇을 할 것인가?
➜ Use **public transportation**

만점 TIP

• 상위어 Paraphrasing
paper, ink cartridges, pens → office supplies (사무용품)

3 launch

• introduce 소개하다

• release 출시하다

• put A on the market
A를 시장에 내놓다

(상품 등을) 출시하다

M: We'll be **launching** a new medication within the year. 올해 안에 신약을 출시할 예정입니다.

Q. 올해 무슨 일이 있을 것인가?
➜ A new product will be **introduced[released]**.

4 relocate

• move 옮기다, 이사하다

• transfer 옮기다, 이동하다

(~을) 옮기다, 이전하다

W: Last month, we **moved** our office to a more strategic location in the heart of the city.

지난달에 저희는 시내 중심부에 있는 보다 전략적인 위치로 사무실을 이전하였습니다.

Q. 지난달에 어떤 일이 있었는가?
➜ An office **was relocated.**

5 call A back

• return a call 답신 전화를 하다

• get back to A
A에게 다시 연락을 주다

A에게 답신 전화를 하다

M: We need to discuss the upcoming project deadline. Please **call me back** as soon as you receive this message.

곧 있을 프로젝트 마감일에 대해 논의해야 합니다. 이 메시지를 받는 대로 제게 다시 전화 주세요.

Q. 청자에게 무엇을 요청하는가? ➜ **Return a call**

6 postpone

• put off, delay 미루다

~을 미루다, 연기하다

W: There was a thunderstorm approaching, so my departure **was postponed** by two hours.

폭풍우가 다가오고 있어서, 제 출발이 2시간 지연되었습니다.

Q. 무슨 문제가 있는가? ➜ A flight **was delayed.**

7 expire

• no longer valid[good]
더 이상 효력이 없는

만료되다

M: I'm sorry, but I can't process this voucher. It **expired** last week.

죄송하지만, 이 상품권을 처리해드릴 수 없습니다. 지난주에 만료되었습니다.

Q. 무슨 문제가 있는가?
➜ A voucher is **no longer valid.**

8 **estimate**

- quote 견적가
- how much it will cost 비용이 얼마가 될지

견적, 견적서

W: I received some **quotes** from a few local caterers. Our budget is pretty tight, so I'm leaning toward Culinary Canvas Catering.

몇몇 지역 출장연회업체들로부터 견적을 받았습니다. 저희 예산이 꽤 빠듯해서, 저는 큘리너리 캔버스 케이터링 쪽으로 마음이 기울고 있습니다.

Q. 무엇을 받았는가?
➜ Some price **estimates**

만점 TIP

- 관련 기출
  cost estimate 비용 견적
  price estimate 가격 견적

9 **submit**

- hand in 제출하다

~을 제출하다

M: I finished all the data analysis, but still need to put together my findings. I'll **hand in** the report tomorrow morning.

모든 데이터 분석을 마쳤습니다만, 아직 제가 알아낸 사실들을 취합해야 합니다. 보고서를 내일 오전에 제출할 것입니다.

Q. 내일 오전에 무엇을 할 것인가?
➜ **Submit** a report

10 **acquire**

- buy, purchase 매수하다
- take over 인계받다
- merge 합병시키다

(기업을) 인수하다

W: I spoke with a representative from KU Corporation, and it turns out they're interested in **buying** my business.

제가 KU 코퍼레이션의 대표와 이야기를 나누었는데요, 그들이 저희 회사를 인수하는 것에 관심 있어 하는 것 같습니다.

Q. KU Corporation이 관심을 보이는 것은?
➜ **Acquiring** a business

11 annual

- yearly, annually, once a year, every year 매년

● 매년의

M: Thanks again for planning Friday's **annual** banquet for our museum's supporters.

박물관 후원자들을 위한 금요일의 연례 만찬회를 기획해 주셔서 다시 한 번 감사해요.

Q. 무엇에 대해 얘기하고 있는가?
➜ A **yearly** dinner

만점 TIP

- 관련 기출

daily (매일의), weekly (매주의), monthly (매월의), quarterly (분기별의)

12 coworker

- colleague 동료
- associate, staff, employee 직원
- 사람 이름 in[from] 부서명

● (직장) 동료

W: I'll check with **Ms. Bishop in our legal department.**

법무팀의 비숍 씨에게 확인을 해보겠습니다.

Q. 무엇을 하겠다고 하는가?
➜ Contact a **colleague**

13 handle

- take care of, deal with, manage 처리하다

● ~을 처리하다, 다루다

M: I'm confident that we can **take care of** all your travel needs, from booking flights and accommodations to arranging ground transportation.

저희는 항공권 및 숙소 예약부터 지상 교통편 마련까지 귀하의 모든 여행 관련 필요사항을 다 처리해드릴 자신이 있습니다.

Q. 무엇을 전문으로 하는 곳인가?
➜ **Handling** travel arrangements

14 clothing

- attire, apparel, garment, outfits, wear, dress
  옷, 의복

● 옷, 의류

W: There's a lot of interest in our new line of women's summer **dresses**. It looks like demand will be high, so we'd better increase production to be sure we have a supply of all **garment** sizes.

여성용 여름 원피스 신제품 라인에 많은 관심이 쏠리고 있어요. 수요가 높을 것으로 보이니 모든 의복 사이즈를 공급할 수 있도록 생산량을 늘리는 게 좋을 것 같아요.

Q. 어떤 업체인가?
➜ A **clothing** company

15 set aside

- put aside, put on hold, hold, keep, reserve
  (물건 등을) 따로 맡아 두다

● (물건을) 따로 맡아 두다

M: I won't be able to come in until tomorrow evening. Would it be possible to **put** the shirt **on hold** so that someone else doesn't buy it before I get there?

제가 내일 저녁까진 갈 수 없을 것 같습니다. 제가 가기 전에 다른 사람이 사가지 않도록 셔츠를 따로 맡아 주실 수 있을까요?

Q. 무엇을 부탁하는가?
➜ **Set aside** an item

16 break down

- out of order, broken
  고장 난
- malfunction
  제대로 작동하지 않다
- stop working 작동을 멈추다
- is not working properly, is acting up
  제대로 작동하지 않고 있다

● 고장 나다

W: The elevator **broke down** last week, and it is still **out of order**, so we'll have to take the stairs.

엘리베이터가 지난주에 고장나서 아직까지 안 되고 있어요. 그래서 계단을 이용해야 할 거예요.

Q. 무엇이 문제인가?
➜ An elevator **stopped working**.

만점 TIP

- 관련 기출

faulty 고장난
defective 결함이 있는
damaged 파손된

17 sold out

- out of stock, not in stock
  재고가 없는
- not available
  이용[구매]할 수 없는

다 팔린, 매진된

M: We do **not** have any seats **available** on any flights to Jeju tomorrow. It's a holiday weekend, so many people are traveling. Would you like to reserve a ticket for the following day?

내일 이용 가능한 제주행 항공편이 하나도 없어요. 공휴일이 낀 주말이어서 많은 사람들이 여행을 하나봐요. 다음 날 항공권으로 예약하시겠습니까?

Q. 무엇이 문제인가?
➜ Some tickets are **sold out**.

18 oversee

- supervise, manage
  관리 감독하다

~을 관리 감독하다

W: We're planning to open more retail stores in Asian countries nearby. So, we're looking for someone to **oversee** operations at the new stores.

저희는 인근 아시아 국가에 더 많은 소매점을 열 계획입니다. 그래서 신규 매장 운영을 관리 감독할 사람을 찾고 있습니다.

Q. 새 직책의 직무는 무엇인가?
➜ **Managing** multiple stores

만점 TIP
- 관련 기출
  supervisor / manager 관리자, 감독관

19 inclement weather

- poor[bad, severe] weather 나쁜 날씨
- heavy rain(폭우), storm(폭풍), snowstorm(눈보라), thunderstorm(뇌우)

악천후

M: Attention all passengers on Flight WA15. Due to the approaching **snowstorm**, this flight has been canceled. We are very sorry for the inconvenience.

WA15편에 탑승하신 모든 승객 여러분께 알립니다. 눈보라가 다가와서 이 항공편이 취소되었습니다. 불편을 끼쳐드려 대단히 죄송합니다.

Q. 무엇이 문제인가?
➜ **Inclement weather**

20 refreshments

- food and beverages
  식음료
- snacks and drinks
  간식과 음료

다과

W: I hope you stay after the meeting and have some **snacks and drinks** that will be provided in the room next door.

회의가 끝난 후에도 계속 머무시며 옆방에서 제공될 다과를 드시길 바랍니다.

Q. 어떤 일이 있을 것인가?
➜ **Refreshments** will be served.

21 renovation

- remodeling 리모델링
- improvement 향상, 개선
- repair work 수리 작업

보수공사

M: Ms. Parker is going to talk about her current project – the **renovation** of a large apartment complex on the east side of town.

파커 씨는 현행 프로젝트인 마을 동쪽에 있는 대규모 아파트 단지의 보수공사에 대해 이야기할 예정입니다.

Q. 파커 씨는 무엇에 대해 이야기할 것인가?
➜ A **remodeling** project

22 take part in

- attend, participate in
  참가하다

~에 참가하다

W: If you're interested in **participating in** this program, please send an e-mail to Angela Ingram.

이 프로그램에 참여하고 싶으시면, 안젤라 잉그램에게 이메일을 보내주시기 바랍니다.

Q. 왜 안젤라 잉그램에게 이메일을 보내는가?
➜ To **take part in** a program

23 rule

- regulations, policy 규정, 방침
- guideline 가이드라인, 지침
- standard 기준

규칙

M: I've received some feedback from our employees about the new **guidelines** for contacting the technical help staff, and most are not very happy with it.

직원들로부터 기술 지원팀 직원에게 연락하는 것에 대한 새 지침에 관해 피드백을 받았는데, 대부분이 이를 마음에 들어하지 않고 있습니다.

Q. 무엇에 대해 얘기하고 있는가?

➜ A **policy** for getting technical help

24 cancel

- withdraw, call off 취소하다, 철회하다

~을 취소하다

W: I just read the e-mail that said today's department luncheon has been **called off**. Do you know why?

오늘 부서 오찬이 취소되었다는 메일을 방금 읽었습니다. 이유를 아시나요?

Q. 왜 이메일을 받았는가?

➜ An event has been **canceled**.

25 contract

- agreement 합의, 협약

계약(서)

M: Here's your copy of the rental **contract** for your new apartment. I've made a note that you're moving in on Tuesday.

여기 새 아파트 임대 계약서 사본입니다. 화요일에 이사오신다고 적어두었습니다.

Q. 무엇을 건네주는가?

➜ A rental **agreement**

26 **event**

• function, occasion 행사

• concert(콘서트), grand opening(개장), company dinner(회식), trade show(무역박람회), job fair(직업박람회) 등

● 행사

W: It looks like there's a problem with the funds for the **company dinner**. I just found out that we're going to have to reduce our expenses by 15 percent.

회식 자금에 문제가 있는 것 같아요. 경비를 15% 줄여야 한다는 걸 방금 알았어요.

Q. 무엇에 대해 얘기하는가?

➜ Reducing the cost of an **event**

27 **sufficient**

• adequate 충분한, 적절한

• enough 충분한

● 충분한

M: Our department's budget is not large **enough** to cover a major renovation project right now.

우리 부서의 예산이 당장 주요 보수 공사를 감당하기에는 충분하지 않습니다.

Q. 무슨 문제가 있는가?

➜ A budget is not **sufficient**.

만점 TIP

• 토익에 자주 나오는 '예산이 충분하지 않다' 표현

A budget has been reduced. 예산이 줄었다.

A budget is tight. 예산이 빠듯하다.

a limited budget 제한된 예산

28 **run short of[on]**

• shortage 부족

• lack v. 부족하다 n. 부족

● ~이 부족하다

W: It seems like we're **running short of** printer paper and ink cartridges.

프린터 용지와 잉크 카트리지가 부족한 것 같습니다.

Q. 무엇이 문제인가?

➜ There is a **lack** of some office supplies.

29 complimentary

- free 무료의
- at no cost, at no charge, for free 무료로

무료의

M: Because a number of attendees will be staying with us that weekend, we'll be running a **complimentary** shuttle between the hotel and the convention center.

그 주말에 많은 참석자들이 저희 호텔에 머물기 때문에, 저희는 호텔과 컨벤션 센터 사이에 무료 셔틀을 운행할 예정입니다.

Q. 무엇에 대해 얘기하는가?

➜ A shuttle service will be provided **for free**.

30 understaffed

- shorthanded, shortstaffed 일손이 부족한
- not enough staff 직원이 충분하지 않은

일손이 모자란

W: The marketing department is pretty **shorthanded** right now because a few team members are out on vacation.

지금 마케팅 부서는 일부 팀원들이 휴가 중이라 일손이 많이 부족합니다.

Q. 마케팅팀에 대해 뭐라고 하는가?

➜ It is currently **understaffed**.

31 location

- place, venue, spot, space, site 장소

위치, 장소

M: There's been a change in **location** for our charity event tomorrow. Instead of Central Park, it's now going to be at the café down the street.

내일 있을 자선 행사 장소가 바뀌었습니다. 센트럴 파크 대신 길가에 있는 카페에서 열릴 것입니다.

Q. 무슨 내용을 알려주는가?

➜ A **venue** has been changed.

만점 TIP

- 행사가 열리는 장소를 주로 venue라고 하는데, Part 3, 4의 선택지에 자주 등장하는 어휘이므로 꼭 알아 두세요.

32 reasonable

• affordable 가격이 적당한

● (가격이) 합리적인

W: Try the SavorySpoon Bistro. It's a bit far from our office, but it is well worth the trip. They have very **affordable** prices.

세이버리스푼 비스트로에 가보세요. 사무실에서 조금 멀긴 하지만 충분히 갈 만한 가치가 있어요. 가격이 아주 합리적이에요.

Q. 왜 SavorySpoon Bistro를 추천하는가?
➜ Their prices are **reasonable**.

33 reimburse

• pay back 돈을 돌려주다
• compensate 보상을 해주다

● ~에게 배상해주다, 변제해주다

M: I have one question about relocating. Will I be **compensated** for all my moving costs?

이사에 대해 한 가지 질문이 있습니다. 이사비는 전부 보상받나요?

Q. 무엇에 대해 문의하는가?
➜ A **reimbursement**

34 promote

• advertise 광고하다

● ~을 홍보하다

W: I'm calling about an idea to **promote** your new restaurant. Why don't we film a television commercial right there on site?

당신의 새 식당을 홍보할 아이디어 때문에 전화 드렸습니다. 바로 그곳 현장에서 텔레비전 광고를 촬영해 보는 것은 어떨까요?

Q. 무엇에 대해 얘기하는가?
➜ How to **advertise** a business

35 revise

~을 수정하다, 개정하다

- edit (글을) 수정하다
- make changes, modify, make revisions 수정하다
- correct 바로잡다, 고치다
- update 새로운 내용으로 바꾸다

M: I just finished reviewing your first draft of the presentation, and I feel like it needs some **editing**.
당신의 발표 초안 검토를 이제 막 끝냈는데요, 수정이 좀 필요할 것 같습니다.

Q. 무엇을 하라고 하는가?
➜ **Revise** a draft

36 sign up for

~을 신청하다, ~에 등록하다

- register for, enroll in 등록하다

W: You can **sign up for** a fun guided tour here. It's a fantastic way to explore the city's landmarks.
여러분은 이곳에서 재미있는 가이드 투어를 신청할 수 있습니다. 도시의 랜드마크를 둘러볼 수 있는 환상적인 방법입니다.

Q. 무엇을 권하는가?
➜ **Register for** a guided tour

37 give[offer] a ride

차로 태워주다

- provide[offer] transportation 교통편을 제공하다

M: I heard your car is still in the repair shop. I can **give you a ride** home after work today.
당신의 차가 아직 정비소에 있다고 들었습니다. 제가 오늘 퇴근 후에 집까지 태워다 드릴 수 있습니다.

Q. 무엇을 해주겠다고 하는가?
➜ **Provide transportation**

38 detour

• alternate[alternative] route, bypass 대체로, 우회로
• different road 다른 도로

우회로

W: Because of road repairs, Exit 4B on Emmerson Highway is closed. To avoid the affected area, drivers are advised to take a **detour** using local roads.

도로 보수 공사로 인해 에머슨 고속도로 4B번 출구가 폐쇄되어 있습니다. 해당 구역을 피하기 위해, 운전자들께서는 지방 도로를 이용하여 우회하시기 바랍니다.

Q. 무엇을 권하는가?
➜ Taking an **alternate route**

39 traffic congestion

• stuck in traffic 교통 체증에 갇힌
• backed up 교통이 막히는
• traffic jam 교통 체증
• traffic is slow 길이 막히다

교통 체증

M: I'm sorry I'm late to work. **Traffic was really slow** this morning because of the rain.

회사에 늦어서 죄송합니다. 오늘 아침에 비가 와서 정말 길이 막혔어요.

Q. 남자는 무엇 때문에 늦었는가?
➜ **Traffic congestion**
➜ He was **stuck in traffic.**

40 state-of-the art

• cutting-edge 최신식의

최첨단의, 최신식의

W: The reason our customers keep coming back to our business is our **state-of-the-art** facilities.

고객들이 계속해서 우리 업체를 다시 찾는 이유는 우리의 최첨단 시설 때문입니다.

Q. 고객들이 업체에 대해 무엇을 좋아하는가?
➜ It has **cutting-edge** facilities.

DAILY QUIZ

MP3 바로듣기

질문을 읽고 음원을 들은 뒤, 정답을 골라보세요.

1 What is the problem?

(A) Some items are missing.
(B) Some products are out of stock.

M: I'm sorry, we don't have any oak tables available now. We'll get a new shipment next week.
W: Is the floor model available?
M: Let me check with my manager.

2 What does the woman suggest the man do?

(A) Contact a colleague
(B) Report to his supervisor

M: I need to set up the automatic deposit for my paycheck, but I'm not sure how to do it.
W: You should talk to Samantha in Payroll. She can give you some instructions.
M: Okay. I'll go and see her after lunch.

3 What is the speaker calling about?

(A) A project delay
(B) A broken appliance

W: Hello, this is Jane Doe calling from apartment 4B on 23 Maple Street. I am calling because my refrigerator is not functioning properly, and it requires immediate attention. Please send a repair person as soon as possible to address the issue.

정답 **1** (B) **2** (A) **3** (B)

Day 02 형용사 ③ Part 5, 6

MP3 바로듣기

강의 바로보기

1 **considerable**

considerably ad. 상당히

상당한

기출 put in **considerable** effort
상당한 노력을 쏟다

expect a **considerable** upturn
상당한 호전을 예상하다

The repair of the damaged cathedral roof will require ------- time and expense.

(A) proficient (B) considerable

2 **sensitive**

sense n. 감각
v. 감지하다, 느끼다

sensitivity n. 민감함, 예민함

민감한, 예민한

기출 due to the **sensitive** nature of
~의 민감한 특성으로 인해

sensitive client information
민감한 고객 정보

Ms. Henley instructs office workers to store all documents containing ------- information in the safe.

(A) appropriate (B) sensitive

3 **adequate**

adequately ad. 충분히, 적절히

충분한, 적절한

기출 ensure **adequate** space for attendees
참석자들을 위해 충분한 공간을 보장하다

find one's qualifications **adequate**
~의 자격사항이 적절하다고 생각하다

The private dining room at Percival Bistro provides ------- space for parties of up to 20 individuals.

(A) competent (B) adequate

4 **diverse**

다양한

기출 a **diverse** line of products
다양한 제품군

the use of more **diverse** energy sources
더 다양한 에너지 자원의 사용

Starlit Enterprises employs a ------- workforce featuring people of various nationalities and backgrounds.

(A) contrary (B) diverse

5 **fragile**

깨지기 쉬운, 연약한

기출 handle **fragile** items with utmost care
극도의 주의를 기울여 깨지기 쉬운 상품들을 다루다

We use special packing materials to ensure ------- items are not damaged during shipping.

(A) cautious (B) fragile

6 **promising**

유력한, 전망이 좋은

기출 **promising** location for investors
투자자들을 위한 유력한 장소

We have received a lot of ------- feedback from members regarding our new fitness classes.

(A) promising (B) profitable

7 **reluctant**

reluctantly ad. 꺼려하여, 마지못해

• 꺼려하는

기출 be **reluctant** to purchase a new model
새로운 모델을 구매하는 것을 꺼려하다

Although the auction attracted a large number of attendees, most were ------- to place any bids.

(A) uncertain (B) reluctant

8 **practical**

• 실용적인

기출 innovative yet **practical** 혁신적이지만 실용적인

Trion Consulting specializes in providing clients with innovative yet ------- solutions.

(A) practical (B) internal

9 **urgent**

• 긴급한

기출 require **urgent** attention
긴급한 주의를 필요로 하다

contact A for any **urgent** matters
어떠한 긴급한 사안들에 대해 A에게 연락하다

Even though Ms. Pratt is on annual leave, she may be contacted by phone if you have any ------- issues.

(A) urgent (B) obedient

10 **ambitious**

• 야심찬

기출 meet one's **ambitious** goals
야심찬 목표를 달성하다

announce an **ambitious** plan
야심찬 계획을 발표하다

Mr. Krieger will outline his ------- plan to open twenty new branches of Codmo Burger throughout the UK.

(A) ambitious (B) envious

11 hopeful

• 희망적인, 기대하는

기출 be **hopeful** that
~라는 점이 희망적이다

Every board member is ------- that revenues can double to $2 billion this year.

(A) cheerful (B) hopeful

12 unavailable

• 이용할 수 없는, 시간이 없는

기출 will be **unavailable** to customers
고객들이 이용할 수 없을 것이다

currently **unavailable** in the color you requested
현재 귀하께서 요청하신 색상으로는 이용할 수 없는

We regret to inform library members that the private reading rooms will be ------- during the renovation work.

(A) unavailable (B) underdeveloped

13 consecutive

• 연속적인

기출 predict four **consecutive** days of rain
4일 연속의 비를 예측하다

win one's sixth **consecutive** international tournament
6회 연속 국제 경기를 우승하다

Matt Rodgers received the Best Songwriter of the Year award for the third ------- year.

(A) following (B) consecutive

14 persistent

persistently ad. 끊임없이

● 끊임없이 지속되는, 끈질긴

기출 remove a **persistent** stain
끊임없이 지속되는 얼룩을 제거하다

Numerous local residents have filed complaints about the ------- noise coming from the nearby construction site.

(A) persistent (B) defective

15 subsequent

subsequently ad. 그 후에, 그 뒤에

● 후속의, 다음의

기출 **subsequent** events
후속 행사들

in the **subsequent** year
그 다음 해에

Few people watched *Circle of Friends* during its first season, but ------- seasons attracted a high number of viewers.

(A) timely (B) subsequent

16 sturdy

sturdily ad. 견고하게

● 견고한

기출 thanks to **sturdy** construction
견고한 건축 덕분에

recommend a **sturdy** bed frame
견고한 침대 틀을 추천하다

To protect your laptop, a ------- carrying case with padding is recommended.

(A) intense (B) sturdy

17 **unprecedented**

전례 없는, 이례적인

기출 an **unprecedented** increase in sales
매출에서의 전례 없는 증가

be **unprecedented** in the history of
~의 역사에서 이례적이다

Southern Electricity customers have been outraged by the ------- increase in their monthly energy bills.

(A) impenetrable (B) unprecedented

18 **strategic**

strategically ad. 전략적으로
strategy n. 전략

전략적인

기출 a **strategic** move to attract more customers
더 많은 고객들을 끌어들이기 위한 전략적인 이동

Apex Hotel's ------- location near the convention center makes it popular with business travelers.

(A) strategic (B) distant

19 **harsh**

harshly ad. 가혹하게, 혹독하게

가혹한, 혹독한

기출 given the **harsh** reviews written by critics
평론가들에 의해 작성된 가혹한 후기를 고려하면

The new play written by Desmond Akumba received ------- reviews from the majority of theater critics.

(A) harsh (B) deep

20 disappointed

실망한

기출 be **disappointed** that
~라는 것에 실망하다

Some employees were left ------- with the outcome of the salary negotiations.

(A) complicated (B) disappointed

21 inaccessible

이용할 수 없는, 접근할 수 없는

기출 be **inaccessible** starting December 30
12월 30일부터 이용할 수 없다

The staff cafeteria will be ------- while the work crew is installing new seating and tables.

(A) inaccessible (B) improbable

22 overdue

(기한이) 지난, 연체된

기출 **overdue** for your annual checkup
귀하의 연례 검진 기한이 지난

be **overdue** since last year
작년 이후로 연체되다

Starting next month, all ------- bill payments will be subject to a ten percent administration fee.

(A) overdue (B) worthy

23 superb

• 최상의

기출 **superb** customer service
최상의 고객 서비스

impress the audience with one's **superb** technique
최상의 기술로 청중에게 깊은 인상을 남기다

Marcus Toft received an award for his ------- performance in the television show *Elden Oaks*.

(A) superb (B) evasive

24 convincing

convince v. 설득하다

• 설득력 있는

기출 be so **convincing** that
매우 설득력 있어서 ~하다

The athletics committee made a highly ------- argument to have the event held in Los Angeles.

(A) convincing (B) verified

25 versatile

versatility n. 다재다능

• 다재다능한, 다용도의, 다양한 기능을 지닌

기출 be **versatile** enough to do
~하기에 충분히 다재다능하다

versatile furniture
다용도 가구

Quartet's new digital camera is ------- enough to be used in a wide variety of environments.

(A) versatile (B) financial

26 incorrect

incorrectly ad. 정확하지 않게

● 정확하지 않은

기출 if your billing statement is **incorrect**
귀하의 대금 청구서가 정확하지 않다면

If any of the details on the application form are --------, you will not be issued a vendor permit for the event.

(A) imperative (B) incorrect

27 mandatory

mandate v. 의무화하다

● 의무적인

기출 **mandatory** safety training
의무적인 안전 교육

take a **mandatory** break
의무적인 휴식을 갖다

Employees are reminded that it is ------- to attend the weekly branch meeting at 8:45 AM on Mondays.

(A) mandatory (B) probable

28 optimistic

● 낙관적인

기출 be **optimistic** about
~에 대해 낙관적이다

optimistic quarterly projections
낙관적인 분기별 예상치

The board members are ------- about the profitability of the new manufacturing plant.

(A) optimistic (B) ample

29 **perishable**

perish v. 상하다, 부패하다

상하기 쉬운

기출 **perishable** products
상하기 쉬운 제품들

Jonson Refrigeration produces containers designed for the transportation of ------- goods, such as meat and dairy products.

(A) coincidental (B) perishable

30 **punctual**

punctuality n. 시간 엄수

시간을 엄수하는

기출 try to be **punctual**
시간을 엄수하도록 노력하다

All participants must try to be ------- for the city tour, which will depart from the hotel lobby at precisely 9 AM.

(A) punctual (B) eventual

31 **unfavorable**

unfavorably ad. 불리하게

좋지 않은, 호의적이지 않은

기출 due to **unfavorable** weather conditions
좋지 않은 기상 조건 때문에

due to **unfavorable** conditions in the market
시장에서의 좋지 않은 상황 때문에

The launch of the new cell phone model has been delayed in light of the ------- feedback from product testers.

(A) unfavorable (B) functional

32 delicate

- 다루기 힘든, 정교한

기출 **delicate** contract negotiations
다루기 힘든 계약 협상

Ms. Sharpe is experienced in handling ------- matters involving dissatisfied customers.

(A) delicate (B) talented

33 dependable

depend v. 의존하다
dependent a. 의존적인

- 믿을 만한, 의존할 만한

기출 become **dependable** 믿을 만해지다

Since joining the firm six months ago, Mr. Lopez has proven himself to be a ------- member of the sales team.

(A) customized (B) dependable

34 manageable

manage v. 관리하다

- 관리하기 쉬운, 다루기 쉬운

기출 The project will be **manageable**.
그 프로젝트는 관리하기 쉬울 것이다.

Day trips to Bird Peak Waterfall are easily ------- thanks to the hotel's regular shuttle bus service.

(A) manageable (B) challenging

35 memorable

- 기억할 만한

기출 deliver a **memorable** speech
기억할 만한 연설을 하다

The new interactive exhibits at Walford Science Museum promise to provide a ------- experience for the whole family.

(A) memorable (B) victorious

36 provisional

● 임시의

기출 be hired on a **provisional** basis
임시로 채용되다

Several employees will be hired on a ------- basis, and some of them will be offered full-time contracts in March.

(A) provisional (B) marginal

37 adverse

adversely ad. 부정적으로, 불리하게

● 부정적인, 불리한

기출 have an **adverse** effect on
~에 부정적인 영향을 끼치다

The quarterly financial report shows that the new advertising campaign had an ------- effect on sales.

(A) affordable (B) adverse

38 informative

informatively ad. 유익하게

● 유익한

기출 both **informative** and interesting
둘 다 유익하고 흥미로운

the most **informative** speech
가장 유익한 강연

Guests can pick up ------- pamphlets about local sights from the hotel's reception area.

(A) informative (B) enthusiastic

39 **redeemable**

(현금, 상품 등으로) 교환 가능한

기출 be **redeemable** by the recipient
수령인에 의해 교환 가능하다

Loyalty points and discount codes are ------- on our Web site.

(A) redeemable (B) eligible

40 **unanimous**

unanimously ad. 만장일치로

만장일치의

기출 be **unanimous** in one's decision to do
~하는 결정에 있어서 만장일치이다

The shareholders reached a ------- decision to relocate the company from California to Texas.

(A) numerous (B) unanimous

DAILY QUIZ

단어와 그에 알맞은 뜻을 연결해 보세요.

1	informative •	• (A)	유익한
2	considerable •	• (B)	기억할 만한
3	memorable •	• (C)	상당한

빈칸에 알맞은 단어를 선택하세요.

4 ------- quarterly projections
낙관적인 분기별 예상치

5 a ------- line of products
다양한 제품군

6 ------- for your annual checkup
귀하의 연례 검진 기한이 지난

(A) diverse
(B) overdue
(C) optimistic
(D) redeemable

앞서 배운 단어들의 뜻을 생각하면서, 다음 문제를 풀어보세요.

7 Of all the potential banquet locations, The Maple Lounge appears to be the only one ------- for our needs.

(A) popular (B) tentative
(C) extensive (D) adequate

8 Technical issues that require ------- attention should be addressed before any other relatively minor problems.

(A) near (B) fluent
(C) absent (D) urgent

정답 1 (A) 2 (C) 3 (B) 4 (C) 5 (A) 6 (B) 7 (D) 8 (D)

MP3 바로듣기 강의 바로보기

Day 03 형용사 ④ Part 5, 6

1 **attentive**

attentively ad. 주의하여

주의를 기울이는

기출 stay **attentive** to
~에 계속 주의를 기울이다

Many online reviews note how ------- the wait staff at the restaurant are to diners' needs.

(A) available (B) attentive

2 **imperative**

필수적인

기출 it is **imperative** that
~하는 것이 필수적이다

It is ------- that you give at least 30 days of notice prior to the termination of the employment contract.

(A) imperative (B) willing

3 **marked**

markedly ad. 뚜렷하게

뚜렷한

기출 show a **marked** improvement
뚜렷한 개선을 보여주다

Mr. Bridges has noticed ------- improvement in staff productivity since the remodeling of the office space.

(A) respective (B) marked

4 **proud**

자랑스러운

기출 be **proud** to present artists who
~한 예술가들을 소개하게 되어 자랑스럽다

Ms. Winters was the ------- recipient of this year's Young Writer of the Year award.

(A) proud (B) general

5 **distinct**

distinctive a. 독특한
distinctively ad. 독특하게

뚜렷한, 뚜렷이 구별되는

기출 if the sound is not **distinct**
만약 소리가 뚜렷하지 않다면

Dawson National Park has added ------- trail markers to ensure that hikers do not get lost.

(A) perceptive (B) distinct

6 **immense**

immensely ad. 엄청나게

엄청난 (양의), 방대한 (크기의)

기출 **immense** collection of reviews
엄청난 양의 후기 모음

feature an **immense** lobby
방대한 크기의 로비를 특징으로 하다

Flix Star, a new movie streaming platform, boasts an ------- catalog of more than 10,000 films.

(A) impending (B) immense

7 costly

cost n. 비용

• 비용이 많이 드는

기출 protect your system from **costly** breakdowns
비용이 많이 드는 고장으로부터 귀하의 시스템을 보호하다

It is advisable to follow the cleaning guidelines for the air conditioning system in order to prevent ------- malfunctions.

(A) costly (B) clear

8 sizable

• (크기, 액수가) 상당한

기출 create a **sizable** demand for
~에 대한 상당한 수요를 만들다

The CEO privately thanked Mr. Hogg for his ------- donation at last week's charity fundraiser.

(A) sizable (B) durable

9 unfamiliar

• 익숙하지 않은

기출 be **unfamiliar** with
~에 익숙하지 않다

engineers **unfamiliar** with the program
그 프로그램에 익숙하지 않은 기술자들

Workers who are still ------- with the new database system are invited to attend a workshop at 2 PM tomorrow.

(A) difficult (B) unfamiliar

10 demanding

demand n. 요구

● 힘든, 까다로운

기출 much too **demanding** for A
A에게 매우 힘든

The walking trail to the summit of Grouse Mountain is not particularly ------- and is suitable for people of all ages.

(A) uneasy (B) demanding

11 tentative

tentatively ad. 잠정적으로, 임시로

● 잠정적인, 임시의

기출 discuss a **tentative** agreement with
~와 잠정적인 협정을 논의하다

a **tentative** schedule of events
행사의 임시 일정

November 10 has been chosen as the ------- date for the grand opening of Summerville Shopping Mall.

(A) tentative (B) hesitant

12 renowned

● 유명한

기출 **renowned** sculptor
유명한 조각가

renowned for its architectural beauty
건축미로 유명한

The keynote speaker for the International Finance Convention will be the ------- businessman, Alan Kane.

(A) eligible (B) renowned

13 **repetitive**

repeat v. 반복하다

반복적인

기출 **repetitive** work 반복적인 작업

Several factory workers have complained of muscle pain resulting from the ------- nature of the jobs they must perform.

(A) repetitive (B) former

14 **encouraging**

encourage v. 격려하다

희망적인, 고무적인

기출 indicate an **encouraging** trend
희망적인 경향을 보여주다

The high number of advanced orders placed for our new car has been very ------- so far.

(A) encouraging (B) available

15 **desirable**

desire n. 바람, 열망

바람직한, 매력적인

기출 be constructed on the most **desirable** land
가장 매력적인 땅에 건설되다

Green Hills has become a highly ------- neighborhood for families thanks to its excellent parks and schools.

(A) attainable (B) desirable

16 **compatible**

호환되는(with)

기출 be **compatible** with the system
그 시스템과 호환되다

Before downloading the file, employees should make sure its format is ------- with their mobile devices.

(A) compatible (B) amenable

17 **full**

fully ad. 전적으로, 완전히

● 최대의, 전체의, 완전한

기출 operate at **full** capacity
최대 수용력으로 운영되다

The mayor aims to use the ------- extent of his influence to ensure the city is chosen to host the athletics event.

(A) full (B) most

18 **helpful**

help v. 돕다

● 유용한, 도움이 되는

기출 especially **helpful**
특히 유용한

it is **helpful** to do
~하는 것이 도움이 되다

Our Web site includes several ------- tips to make sure your visit to Turtle Island goes smoothly.

(A) helpful (B) capable

19 **temporary**

temporarily ad. 임시로, 일시적으로

● 임시의, 일시적인

기출 serve as a **temporary** replacement for
~의 임시 후임으로 일하다

a **temporary** solution to do
~하기 위한 임시 해결책

Upon registering as a member on our Web site, you will be given a ------- password that you should change.

(A) comparable (B) temporary

20 remarkable

remarkably ad. 현저히

주목할 만한, 눈에 띄는

기출 result in a **remarkable** 40% rise in sales
매출에서 주목할 만한 40퍼센트 상승의 결과를 낳다

Since Mr. Glenn joined Mitchum Enterprises, the company has seen a ------- 30 percent decrease in annual expenditure.

(A) remarkable (B) receptive

21 protective

protect v. 보호하다
protection n. 보호

보호하는

기출 as a **protective** measure for the company
회사를 위한 보호 조치로

All factory workers are required to wear ------- masks and gloves when operating dangerous machinery.

(A) protective (B) settled

22 lengthy

긴, 오랜

기출 it is too **lengthy** for
~에게 너무 길다

The hiring committee eventually decided to offer a contract to Helen Jones after ------- deliberation.

(A) lengthy (B) wide

23 challenging

challenge n. 도전, 난제

힘든, 도전적인

기출 **challenging** project
힘든 프로젝트

fulfill the demands of one's **challenging** role as CEO
대표이사라는 힘든 역할의 책무를 완수하다

Adjusting to a new environment can be -------, so please do not hesitate to ask me if you need any help.

(A) interesting (B) challenging

24 operational

operate v. 작동하다, 가동하다, 운영하다

operation n. 작동, 가동, 운영

작동하는, 가동되는, 운영되는

기출 when the module is **operational**
그 모듈이 작동할 때

should be **operational** by June 4
6월 4일까지 가동되어야 한다

Several new Patson Metro Transit bus routes will become ------- in September.

(A) ended (B) operational

25 updated

update v. 최신 정보로 교체하다, 갱신하다
n. 최신 정보, 갱신

최신의, 갱신된

기출 the **updated** training schedule
최신 교육 일정

need to be **updated** immediately
즉시 갱신될 필요가 있다

The ------- edition of author Stephen Laing's most popular novel will include a foreword by his editor.

(A) numerous (B) updated

26 attached

● 첨부된

기출 The **attached** file contains ~.
첨부된 파일은 ~을 포함하고 있다.

All factory workers should follow the ------- safety guidelines at all times.

(A) attached (B) direct

27 interactive

interact v. 상호작용하다
interaction n. 상호작용

● 상호작용하는, 쌍방의

기출 offer **interactive** features
상호작용하는 특징들을 제공하다

The Fornley Science Museum has many ------- exhibits that visitors of all ages will find interesting.

(A) conclusive (B) interactive

28 overwhelming

overwhelmingly ad. 압도적으로

● 압도적인

기출 The number of survey responses has been **overwhelming**.
설문조사 응답의 수가 압도적이었다.

Our e-mail service users are always complaining that the volume of spam e-mail they receive in a day has become -------.

(A) reduced (B) overwhelming

29 **accomplished**

accomplish v. 성취하다
accomplishment n. 성취, 업적

뛰어난

기출 the most **accomplished** authors
가장 뛰어난 작가들

This month's concert series will feature many of the world's most ------- musicians.

(A) remaining (B) accomplished

30 **designated**

designate v. 지정하다
designation n. 지정

지정된

기출 only in the **designated** space
지정된 공간에서만

During the repaving process, only ------- zones in the employee parking lot will be available for use.

(A) designated (B) advanced

31 **equipped**

equip v. (시설, 장비 등을) 갖추다
equipment n. 기구, 장비

(시설, 장비 등을) 갖춘

기출 be **equipped** with
~을 갖추다

All Metz Rental vehicles are fully ------- with a top-of-the-range satellite navigation system.

(A) serviced (B) equipped

32 **capable**

capability n. 능력, 가능성

~할 수 있는

기출 be **capable** of causing damage
손상을 일으킬 수 있다

Excessive noise is ------- of causing major disruption in office environments, leading to reduced productivity.

(A) capable (B) potential

33 economical

economic a. 경제의

economically ad. 경제적으로

경제적인, 비용이 낮은

기출 **economical** manufacturing process
경제적인 제조 과정

Interior designer John Lee is known for his ------- use of floor space.

(A) average (B) economical

34 spacious

넓은

기출 offer more **spacious** meeting rooms
더 넓은 회의실을 제공하다

Subatu Motors is known for producing more ------ automobiles that are suitable for large families.

(A) satisfied (B) spacious

35 fortunate

fortunately ad. 운 좋게, 다행히

운이 좋은, 다행인

기출 be **fortunate** to do
~할 만큼 운이 좋다

We are ------- to have many gifted local musicians here at Franklin Gas Services's 20th anniversary celebration.

(A) fortunate (B) obvious

36 productive

productivity n. 생산성

productively ad. 생산적으로

생산적인

기출 find it **productive**
생산적인 것을 알게 되다

remain **productive**
생산적인 상태를 유지하다

Troy Manufacturing determined that Ms. Landry's team is the least ------- and requires further training.

(A) abundant (B) productive

37 growing

grow v. (크기, 수, 정도가) 늘다, 성장하다

growth n. 성장, 발전

(크기, 수, 정도가) 증가하는, 성장하는

기출 due to the **growing** number of
증가하는 ~의 수로 인해

To meet the needs of Ellington Inc.'s ------- workforce, the company has approved the construction of a new staff cafeteria.

(A) growing (B) concluding

38 similar

similarly ad. 유사하게

similarity n. 유사성

유사한, 비슷한

기출 be **similar** to other models
다른 모델들과 유사하다

make a **similar** observation
비슷한 의견을 말하다

Although the new Zabu 250 laptop looks ------- to other computers, it is the lightest on the market by far.

(A) similar (B) reflected

39 multiple

● 다수의

기출 travel to **multiple** destinations
다수의 목적지를 여행하다

multiple parts
다수의 부품들

Morning Sun Airways is offering discounted flights to ------- destinations for families and groups of five or more people.

(A) interested (B) multiple

40 vital

● 중요한

기출 it is **vital** that
~하는 것이 중요하다

The personnel department plays a ------- role in facilitating communication between higher management and employees.

(A) vital (B) poised

DAILY QUIZ

단어와 그에 알맞은 뜻을 연결해 보세요.

1 temporary •　　• (A) 첨부된

2 attached •　　• (B) 뚜렷한, 뚜렷이 구별되는

3 distinct •　　• (C) 임시의, 일시적인

빈칸에 알맞은 단어를 선택하세요.

4 should be ------- by June 4
6월 4일까지 가동되어야 한다

5 indicate an ------- trend
희망적인 경향을 보여주다

6 result in a ------- 40% rise in sales
매출에서 주목할 만한 40퍼센트 상승의 결과를 낳다

(A) remarkable
(B) operational
(C) encouraging
(D) costly

앞서 배운 단어들의 뜻을 생각하면서, 다음 문제를 풀어보세요.

7 Each manager is assigned a ------- parking space after being hired by Rodden Financial Inc.

(A) moderated　　(B) tolerated
(C) concerned　　(D) designated

8 Even though Mr. Chang is a ------- supervisor, he is still well-liked by most of his employees.

(A) demanding　　(B) compatible
(C) preferable　　(D) collective

정답 1 (C) 2 (A) 3 (B) 4 (B) 5 (C) 6 (A) 7 (D) 8 (A)

형용사 + 전치사 콜로케이션 Part 5, 6

MP3 바로듣기

강의 바로보기

1 **subject to**

• ~의 대상인

기출 be **subject to** modification
수정의 대상이다

be **subject to** additional charges
추가 요금의 대상이다

All requests for holiday leave are ------- to review and depend largely on staff levels.

(A) entitled (B) subject

2 **responsive to**

• ~에 대해 빠른 반응을 보이는

기출 be **responsive to** customers
고객들에 대해 빠른 반응을 보이다

be **responsive to** our needs
우리의 요구에 빠른 반응을 보이다

Since assuming the role of HR manager, Ms. Dias has been very ------- to the needs of our workers.

(A) responsive (B) reluctant

3 **identical to**

• ~와 동일한

기출 appear **identical to** a natural diamond
천연 다이아몬드와 동일하게 보이다

To most listeners, the cover songs performed by the band sounded ------- to the original versions.

(A) identical (B) suitable

4 **entitled to**

~의 자격이 있는

기출 be **entitled to** a room upgrade
객실 업그레이드의 자격이 있다

be **entitled to** paid vacation
유급 휴가의 자격이 있다

All Rodeo Burger employees are ------- to a one-hour meal break per shift.

(A) allowed (B) entitled

5 **adequate for**

~에 충분한, 적당한

기출 be **adequate for** our needs
우리의 요구에 충분하다

be **adequate for** our purposes
우리의 목적에 적당하다

Mr. Ratner believes that the ballroom at the Edgemont Hotel is the only venue ------- for our needs.

(A) cooperative (B) adequate

6 **relevant to**

~와 관련이 있는

기출 be **relevant to** their jobs
그들의 직무와 관련이 있다

be **relevant to** the shipbuilding industry
조선업과 관련이 있다

During your interview, please try to share only the information that is ------- to the position for which you are applying.

(A) acceptable (B) relevant

7 **devoted to**

~에 전념하는, 바치는

기출 will be **devoted to** research in the coming year
다가올 연도에 연구에 전념할 것이다

be **devoted to** updating its safety policies
자사의 안전 정책을 업데이트하는 데 전념하다

The majority of the advertising budget was ------- to developing a series of television commercials.

(A) devoted (B) impressed

8 **eligible for**

~에 대한 자격이 있는

기출 be **eligible for** promotion
승진에 대한 자격이 있다

be **eligible for** a raise
(임금) 인상에 대한 자격이 있다

To be ------- for the company's Employee of the Year award, you must not have been absent for five days or more.

(A) comfortable (B) eligible

9 **attractive to**

~에게 매력적인

기출 **attractive to** potential customers
잠재 고객들에게 매력적인

The remodeling work should make Wilmington Hotel's main lobby more ------- to its guests.

(A) attractive (B) thoughtful

10 visible to

~의 눈에 보이는

기출 be **visible to** attendees
참석자들의 눈에 보이다

The display of sunglasses has been set up right beside the cash registers, so it is very ------- to shoppers.

(A) visible (B) eager

11 attentive to

~에 집중하는, 주의를 기울이는

기출 be **attentive to** the needs of the patients
환자들의 요구에 집중하다

remain **attentive to** the long-term goals
장기적인 목표에 주의를 기울이는 상태이다

The restaurant owner demands that the wait staff stay ------- to the needs of our diners.

(A) related (B) attentive

12 equivalent to

~와 동등한

기출 be **equivalent to** having certification
증명서를 가지고 있는 것과 동등하다

The installation and maintenance of one robot is ------- to paying the annual salaries of five workers.

(A) equivalent (B) appropriate

13 agreeable to

~에 동의하는

기출 appear **agreeable to** the recent changes
최근 변화에 동의하는 것처럼 보이다

During the public forum, most local residents appeared ------- to the proposed demolition of the abandoned theater.

(A) agreeable (B) reliable

14 vulnerable to

~에 취약한

기출 be **vulnerable to** changes in the environment
환경의 변화에 취약하다

be **vulnerable to** staining
얼룩에 취약하다

Wood that has not been treated with a protective coating is more ------- to damage from moisture.

(A) concealed (B) vulnerable

15 accountable for

~에 대해 책임을 지는

기출 be **accountable for** any costs
어떠한 비용에 대해서도 책임을 지다

hold A **accountable for** their team performances
팀 성과에 대해 A에게 책임을 지우다

When returning undamaged products for a refund, customers will be ------- for any shipping costs.

(A) accountable (B) manageable

16 acceptable to

~에게 받아들여질 수 있는

기출 be **acceptable to** the client
의뢰인에게 받아들여질 수 있다

Before our interior design team makes changes to the office layout, we need to ensure that the design is ------- to the client.

(A) acceptable (B) probable

17 valid for

~ 동안 유효한, ~에 대해 유효한

기출 be **valid for** two years
2년 동안 유효하다

be **valid for** devices purchased before January 17
1월 17일 이전에 구매된 기기에 대해 유효하다

New members of the country club must apply for a parking permit, which is ------- for six months.

(A) qualified (B) valid

18 interested in

~에 관심이 있는

기출 be **interested in** receiving the training
교육을 받는 데 관심이 있다

be **interested in** investment options
투자 상품들에 관심이 있다

Hotel guests who are ------- in the tour departing at 9 AM should notify the front desk staff.

(A) skilled (B) interested

19 based in

~에 본사를 둔

기출 be **based in** Australia
호주에 본사를 두다

be currently **based in** Dubai
현재 두바이에 본사를 두다

Saltire Airways, ------- in Edinburgh, is offering low-cost flights to Amsterdam and Brussels.

(A) based (B) stayed

20 divided into

~로 분리된

기출 be **divided into** groups based on their income
소득에 기반한 그룹으로 분리되다

be **divided into** three categories
세 개의 유형으로 분리되다

For the role play activity, workshop attendees were ------- into groups based on their field of employment.

(A) divided (B) evaluated

21 assigned to

~에 할당된, 배정된

기출 be **assigned to** a particular task
특정 업무에 할당되다

be **assigned to** the customer service group
고객 서비스 그룹으로 배정되다

At the orientation session, new recruits will be ------- to specific departments.

(A) assigned (B) influenced

22 aware of

~을 알고 있는

기출 be **aware of** all the factory's operations
모든 공장의 운영을 알고 있다

make people more **aware of** the brand
사람들이 그 브랜드를 더 많이 알게 만들다

All assembly line workers are expected to be ------- of the factory's safety regulations.

(A) aware (B) serious

23 skilled at

~에 능숙한, 숙련된

기출 be especially **skilled at** contract negotiation
계약 협상에 특히 능숙하다

be **skilled at** making delicious cookies
맛있는 쿠키를 만드는 데 숙련되다

Mr. Rooney believes that Ms. Appleby is especially ------- at public speaking.

(A) skilled (B) willing

24 dependent on

~에 의존하고 있는, 달려있는

기출 find oneself **dependent on** one's coworkers
동료들에 의존하고 있는 자신을 발견하다

be **dependent on** the inspection results
검사 결과에 달려있다

The decision on whether to make additional modifications to the prototype is ------- on customer feedback.

(A) dependent (B) supportive

25 available for

~을 위한 시간이 있는, 이용 가능한

기출 be **available for** meetings up until 11 AM
오전 11시까지 회의를 위한 시간이 있다

be **available for** rental
대여로 이용 가능하다

Mr. Heenan, the new dentist at Dewar Dental Clinic, will be ------- for appointments from 9 AM on Monday.

(A) grateful (B) available

26 capable of

~을 할 수 있는

기출 be **capable of** designing skyscrapers
고층 건물들을 디자인할 수 있다

be **capable of** improving an organization's efficiency
조직의 효율을 향상시킬 수 있다

Chefs at A1 Restaurant are ------- of customizing dishes to suit any diner's preferences.

(A) capable (B) knowledgeable

27 beneficial to

~에 이로운

기출 be **beneficial to** the community
지역사회에 이롭다

be **beneficial to** both companies
양사에 모두 이롭다

Although the cost of constructing the entertainment complex is high, city council members agreed that the project will be ------- to the economy.

(A) financial (B) beneficial

28 applicable toward

● ~에 적용될 수 있는

기출 be **applicable toward** the purchase of new freezers
새로운 냉동고 구매에 적용될 수 있다

The $50 coupon is ------- toward the membership renewal fee at Hurley Gym.

(A) diverted (B) applicable

29 familiar with

● ~에 익숙한

기출 analysts **familiar with** the housing market
주택 시장에 익숙한 분석가들

be not **familiar with** the new software program
새로운 소프트웨어 프로그램에 익숙하지 않다

Many environmental scientists ------- with the Wolong region predict that temperatures will continue to rise over the coming months.

(A) recognizable (B) familiar

30 skeptical of

● ~에 회의적인

기출 be **skeptical of** the marketing campaign
마케팅 캠페인에 회의적이다

Mr. Tarrant was ------- of reducing the overtime rate paid to the company's employees, believing that many workers would resign.

(A) skeptical (B) capable

31 exempt from

~에서 면제된

기출 be **exempt from** turning in receipts
영수증을 제출하는 것에서 면제되다

To check whether your vehicle is ------- from the parking fee, please refer to the information board.

(A) replaced (B) exempt

32 similar to

~와 유사한

기출 be **similar to** other models
다른 모델들과 유사하다

be **similar to** the style of existing structures
현존하는 구조물의 스타일과 유사하다

Although the latest edition of the travel guide is ------- to previous versions, it does include an improved map of the city.

(A) similar (B) likable

33 qualified for

~에 대한 자격을 갖춘

기출 be most **qualified for** the position
그 직책에 대해 가장 나은 자격을 갖추다

be well **qualified for** the managerial role
관리자 직책에 대해 충분한 자격을 갖추다

Ms. Chung will conduct a series of interviews this week before selecting the candidate best ------- for the role.

(A) qualified (B) employed

34 compatible with

~와 호환되는, 어울리는

기출 be **compatible with** most television brands
대부분의 TV 브랜드와 호환되다

be **compatible with** our needs
우리의 요구와 어울리다

Your new Hive home heating hub is ------- with all Hive radiator smart valves.

(A) compatible (B) reflective

35 enthusiastic about

~에 대해 열정적인

기출 be **enthusiastic about** the advertising campaign
광고 캠페인에 대해 열정적이다

The new documentary filmed by Edmond Atherton will particularly appeal to those who are ------- about travel and exploration.

(A) enthusiastic (B) pleasant

36 appreciative of

~에 대해 감사하는

기출 seem **appreciative of** our efforts
우리의 노력에 감사하는 것처럼 보인다

Zanzibar Beach Resort is ------- of your feedback, and we look forward to welcoming you again on your next visit.

(A) decisive (B) appreciative

37 **superior to**

~보다 우수한

기출 **superior to** other leading brands
다른 선도적인 브랜드들보다 우수한

Extra-long battery life and an extremely powerful operating system make the Zio 3 mobile phone ------- to other leading models.

(A) advanced (B) superior

38 **credited with**

~에 대해 (공로를) 인정받은

기출 be **credited with** the restoration of the monument
기념비의 복원에 대해 공로를 인정받다

Mr. Rollins is ------- with increasing the firm's annual earnings by 20 percent since assuming the role of CFO last year.

(A) credited (B) agreed

39 **selective about**

~에 대해 까다로운

기출 be **selective about** which article they publish
어떤 기사를 출간할지에 대해 까다롭다

The owners of Ealing Modern Art Gallery are ------- about which artworks they exhibit.

(A) prominent (B) selective

40 **equipped with**

~을 갖추고 있는

기출 be **equipped with** many expensive devices
많은 값비싼 기기들을 갖추고 있다

All of the chalets at Zell Ski Resort are ------- with a hot tub and a barbecue.

(A) conducted (B) equipped

DAILY QUIZ

콜로케이션과 그에 알맞은 뜻을 연결해 보세요.

1	enthusiastic about •	• (A)	~로 분리된
2	equivalent to •	• (B)	~와 동등한
3	divided into •	• (C)	~에 대해 열정적인

빈칸에 알맞은 단어를 선택하세요.

4 be currently ------- in Dubai
현재 두바이에 본사를 두다

5 appear ------- to a natural diamond
천연 다이아몬드와 동일하게 보이다

6 be ------- of all the factory's operations
모든 공장의 운영을 알고 있다

(A) aware
(B) identical
(C) exempt
(D) based

앞서 배운 콜로케이션들의 뜻을 생각하면서, 다음 문제를 풀어보세요.

7 Any hotel guests who are ------- in the morning yoga classes should come to the fitness center at 7 AM.

(A) skilled
(B) connected
(C) interested
(D) contained

8 The report based on the recently compiled market research findings only includes details that are ------- to our current projects.

(A) acceptable
(B) completed
(C) relevant
(D) certain

정답 1 (C) 2 (B) 3 (A) 4 (D) 5 (B) 6 (A) 7 (C) 8 (C)

Day 05 독해가 쉬워지는 어휘 ② Part 7

MP3 바로듣기

강의 바로보기

1 in business

영업 중인

After 20 years **in business**, our store is closing, and we'd like to express our gratitude through our closing sale.

20년간 영업한 끝에 저희 매장은 폐점할 예정이며, 폐점 세일 행사를 통해 저희의 감사한 마음을 표하고자 합니다.

만점 TIP

- 기출 Paraphrasing

close (문을 닫다, 폐업하다) → no longer in business (더 이상 영업하지 않다), go out of business (폐업하다)

2 cater to

v. ~의 마음에 들다, ~을 만족시키다

The resort offers a variety of activities, **catering to** guests of all ages and interests.

그 리조트는 다양한 활동을 제공하여 모든 연령대와 관심사의 고객들을 만족시키고 있습니다.

만점 TIP

- 기출 Paraphrasing

cater to → appeal to (~의 마음에 들다)

3 boast

v. 뽐내다, 자랑하다, 자랑할 만한 ~을 갖고 있다

The hotel **boasts** breathtaking ocean views from every room, offering guests a remarkable experience.

그 호텔은 모든 객실에서 숨막히게 아름다운 바다 전망을 자랑하며, 고객들에게 놀라운 경험을 선사합니다.

4 **culinary**

a. 요리의

To thrive in the competitive **culinary** market, businesses need to stay updated with the latest food trends and adapt their menus accordingly.

경쟁적인 요리 시장에서 번창하기 위해서, 사업체들은 최신 음식 트렌드를 계속 최신화하고 그에 따라 메뉴를 조정할 필요가 있습니다.

5 **disposable**

a. 일회용의

Our catering service specializes in eco-friendly events and offers **disposable** utensils made from biodegradable materials.

저희 케이터링 서비스는 환경친화적인 행사를 전문적으로 하고 있으며, 생분해성 물질로 만들어진 일회용품들을 제공합니다.

만점 TIP

- 기출 Paraphrasing

dispose of ~을 처리하다, 없애다

6 **customized**

customize v. ~을 주문 제작하다

custom a. 주문 제작한

a. 주문 제작의, 맞춤의

The fitness app provides users with **customized** workout routines based on their fitness levels and goals.

이 피트니스 앱은 사용자의 체력 수준과 목표에 따라 맞춤형 운동 루틴을 제공합니다.

만점 TIP

- 기출 Paraphrasing

customized → personalized (개인의 필요에 맞춘)

7 **proof of purchase**

● 구매 증명(서)

Our store's return policy mandates that all items returned must be accompanied by a **proof of purchase.**

저희 매장의 반품 규정은 반품되는 모든 상품에 반드시 구매 증명서를 첨부하는 것을 의무화하고 있습니다.

만점 TIP

• 기출 Paraphrasing

proof of purchase → receipt (영수증)

8 **retailer**

retail n. 소매(업)

● n. 소매업자, 소매상, 소매업

The **retailer**'s summer sale attracted a large crowd of shoppers looking for discounts.

그 소매점의 여름 세일은 할인을 원하는 많은 쇼핑객들을 끌어들였습니다.

만점 TIP

• 관련 기출

wholesaler 도매업자
distributor 유통업자, 판매대리점
supplier / provider 공급업자
vendor 판매업자

9 **dietary preference**

● 식단 선호 사항

We offer a diverse menu that caters to various needs. Please let us know if you have any specific **dietary preferences** or requirements.

저희는 여러 필요 사항을 만족시키는 다양한 메뉴를 제공하고 있습니다. 특정 식사 선호 사항이나 요청 사항이 있으시면 말씀해 주세요.

10 worth + 명사

• ~을 들일 만한 가치가 있는

Many customers find that the premium features of this smartphone make it **worth** the money spent.

많은 고객들은 이 스마트폰의 프리미엄 기능들이 돈을 들일 가치가 있다고 생각합니다.

11 save + 금액

• (~만큼) 아끼다, 절약하다

Upgrade your subscription plan now and **save** $50 on your annual membership fee.

지금 구독 요금제를 업그레이드하고 연회비를 50달러 절약하세요.

만점 TIP

• 기출 Paraphrasing

save $50 → a discount (할인)

12 query

• n. 질문, 문의 사항

The tech support team is available to respond to all **queries** concerning software installation and troubleshooting.

기술 지원 팀은 소프트웨어 설치 및 문제 해결과 관련된 모든 문의에 응답할 수 있습니다.

만점 TIP

• 기출 Paraphrasing

query → question, inquiry (질문, 의문 사항)

13 drawing

• n. 제비뽑기, 추첨

The grand opening event concluded with the **drawing** of lucky numbers for prizes.

그 개점 행사는 경품을 주는 행운의 숫자 추첨으로 끝났습니다.

14 payment arrangements

결제 방식, 지불 약정

We offer flexible **payment arrangements** to accommodate various budget constraints and financial situations.

저희는 다양한 예산 제약과 재정 상황에 맞출 수 있는 유연한 지불 방법을 제공합니다.

만점 TIP

- 기출 Paraphrasing

  payment arrangements → payment plans

15 back order

밀린 주문, 이월 주문

The tool you were hoping to purchase is on **back order** because of a temporary halt in production.

귀하께서 구매하고 싶어하셨던 공구가 일시적인 생산 중단으로 인해 주문이 밀려 있습니다.

만점 TIP

- 기출 Paraphrasing

  back order → delay (지연)

16 produce

n. 농산물

The grocery store offers a continuous supply of fresh and organic **produce** throughout the year.

그 식료품점은 연중 내내 신선하고 유기농으로 재배된 농산물을 지속적으로 공급합니다.

만점 TIP

- produce가 동사로 쓰일 경우 '~을 생산하다'라는 뜻이며, 이때의 명사형은 production(생산)입니다.

17 act up

• 말을 안 듣다, 제 기능을 못하다

The old washing machine has been **acting up** lately, making strange noises during the spin cycle.

그 오래된 세탁기는 최근 제 기능을 못하고 있는데, 회전하는 동안 이상한 소리를 냅니다.

18 customer base

• 고객층, 고객 기반

By introducing a user-friendly mobile app, the bank aims to expand its **customer base** across a younger demographic.

그 은행은 사용자 친화적인 모바일 앱을 도입함으로써 젊은 인구층에 걸쳐 고객 기반을 확대하는 것을 목표로 하고 있습니다.

19 compact

• a. 소형의

Due to their **compact** design, these new laptops are perfect for travelers who need a lightweight yet powerful device.

소형의 디자인으로 인해, 이 새로운 노트북들은 가벼우면서도 강력한 장치를 필요로 하는 여행객들에게 안성맞춤입니다.

만점 TIP

• 제품의 특징을 나타내는 빈출 형용사

durable 튼튼한

lightweight 가벼운

20 portable

• a. 휴대용의

This compact camera is not only **portable** but also features advanced settings for professional-quality shots.

이 소형 카메라는 휴대용일 뿐만 아니라 전문가 수준의 촬영을 위한 고급 설정 기능도 갖추고 있습니다.

21 synthetic

synthesize v. 합성하다

a. 합성의

The **synthetic** material developed by the research team offers a solution for lightweight, durable, and eco-friendly packaging.

연구팀이 개발한 합성 소재는 가볍고 내구성이 뛰어나며 친환경적인 포장에 대한 해결책을 제공합니다.

22 existing

a. 기존의

We have exciting promotions and exclusive offers available for both new and **existing** customers.

저희는 신규 고객과 기존 고객 모두에게 흥미로운 프로모션과 독점 혜택을 제공합니다.

23 violation

n. 위반

We regret to inform you that your restaurant was in **violation** of the city's Health and Sanitation Code.

귀하의 레스토랑이 시의 보건 및 위생 규정을 위반했다는 사실을 알려드리게 되어 유감입니다.

만점 TIP

• 관련 기출

in violation of ~을 위반하여

24 reduced

reduce v. ~을 줄이다

reduction n. 축소, 삭감, 감소

a. 할인된, 줄어든

Tickets to the concert will be available at the door, or you can purchase them in advance at **reduced** rates.

콘서트 티켓은 문 앞에서 구매 가능하며, 할인된 가격으로 미리 구매하실 수도 있습니다.

만점 TIP

• 관련 기출

reduction in price 가격 인하

25 **urge**

v. ~에게 권고하다, 촉구하다
n. 충동

The hotel **urged** customers to provide feedback on their recent stay to help improve their services.
호텔 측은 서비스를 개선하기 위해 고객들에게 최근 숙박에 대한 피드백을 제공할 것을 촉구했습니다.

26 **component**

n. 구성품, 구성 요소

To receive a full refund, the product must be returned with all its **components** and in its original packaging.
전액 환불을 받기 위해서는 제품이 모든 구성품들과 함께 원래의 포장 상태로 반환되어야 합니다.

27 **fall short of**

~에 못 미치다

The restaurant's new menu items **fell short of** customers' expectations, leading to a decline in customer satisfaction.
식당의 신메뉴가 손님들의 기대에 미치지 못해 손님 만족도가 떨어졌습니다.

28 **upon request**

요청 시에

Complimentary gift wrapping is offered **upon request** for all purchases.
모든 구매품에 대해 요청 시에 무료 선물 포장이 제공됩니다.

29 attend to

• ~을 처리하다

The hotel's concierge will **attend to** special requests you may have during your stay.

호텔 컨시어지가 귀하의 투숙 기간 동안 귀하의 특별 요청 사항을 처리해 드릴 것입니다.

만점 TIP

• 타동사 attend는 '~에 참석하다'라는 뜻입니다.

30 showcase

• v. ~을 선보이다, 소개하다

n. 공개 행사

The upcoming culinary event will **showcase** a diverse array of dishes from around the world.

다가오는 요리 행사는 전 세계의 다양한 요리들을 선보일 것입니다.

31 preview

• n. 시사회

The designer showcased her new collection at the fashion show's exclusive **preview**.

그 디자이너는 패션쇼의 단독 시사회에서 자신의 새로운 컬렉션을 선보였습니다.

만점 TIP

• 관련 기출

premiere 개봉, 초연, 첫 공연

32 assembly

assemble v. ~을 조립하다

• n. 조립

If you find the **assembly** instructions to be unclear, don't hesitate to reach out to our customer support team for guidance.

조립 설명서가 명확하지 않다고 생각하시면, 주저 말고 저희 고객 지원팀에 연락하셔서 안내를 받으시기 바랍니다.

33 endorsement

endorse v. ~을 지지하다, 보증하다

● n. 유명인이 광고에 나와서 하는 상품 홍보

The skincare brand gained popularity thanks to a celebrity **endorsement** by a famous actress who raved about their products.

그 스킨케어 브랜드는 자사 제품에 대해 극찬한 유명 여배우의 상품 홍보 덕분에 인기를 얻었습니다.

34 label A with B

● A에 B를 표시한 라벨을 붙이다

The curator **labeled** each piece of artwork **with** the artist's name, title, and year of creation to provide context for visitors.

그 큐레이터는 방문객들에게 맥락을 제공하기 위해 각각의 작품에 작가의 이름, 제목, 그리고 창작 연도를 표시한 라벨을 붙였습니다.

35 testimonial

● n. 추천의 글, 증명서

The website is filled with positive **testimonials** from clients who have benefited from our consulting service.

웹사이트는 저희 컨설팅 서비스의 혜택을 받은 고객들의 긍정적인 추천 글로 가득 차 있습니다.

36 poll

● n. 여론 조사, 설문조사

We conducted a **poll** to gather opinions on the proposed changes to the homepage layout.

저희는 홈페이지 레이아웃 변경안에 대한 의견을 수렴하기 위해 여론 조사를 실시하였습니다.

만점 TIP

- 기출 Paraphrasing

  poll → survey

- 관련 기출

  conduct a poll[survey] 설문 조사를 실시하다

37 deduct

v. ~을 공제하다

If you choose to return the product, please note that the shipping charge will be **deducted** from your refund.

반품하실 경우 배송비는 환불금액에서 공제된다는 점을 참고 부탁드립니다.

38 energy-efficient

a. 에너지 효율이 좋은

The new appliances are designed to be highly **energy-efficient**, reducing your electricity bills.

새 가전제품은 에너지 효율이 높도록 설계되어 있어, 귀하의 전기료를 절감시켜 줍니다.

39 household

a. 가정용의

All Bay View apartments are equipped with energy-efficient **household** appliances.

모든 베이 뷰 아파트에는 에너지 효율이 높은 가전제품이 설치되어 있습니다.

40 gain recognition

명성을 얻다

The fitness app has **gained recognition** for its user-friendly interface and accurate health data tracking.

그 피트니스 앱은 사용자 친화적인 인터페이스와 정확한 건강 데이터 추적으로 명성을 얻었습니다.

만점 TIP

- 기출 Paraphrasing

gain recognition → be recognized (인정받다)

DAILY QUIZ

단어와 그에 알맞은 뜻을 연결해 보세요.

1	testimonial	(A)	추첨, 뽑기
2	endorsement	(B)	유명인의 홍보
3	poll	(C)	여론조사, 설문조사
4	drawing	(D)	추천의 글

빈칸에 알맞은 단어를 선택하세요.

(A) caters
(B) boasts
(C) customized
(D) reduced

5 The newly opened restaurant ------- to all tastes, with a menu that includes a wide array of dishes from various international cuisines.
새롭게 문을 연 그 레스토랑은 다양한 세계 각국의 요리를 포함하는 메뉴를 통해 모든 입맛을 충족시켜 드립니다.

6 Our catering services can be ------- to meet any dietary requirements, ensuring that every guest can enjoy their meal without any concerns.
저희 케이터링 서비스는 그 어떤 식단 요구 사항도 맞추도록 주문 제작될 수 있으므로 모든 손님이 걱정 없이 식사를 즐길 수 있습니다.

7 The technology store ------- an impressive selection of the latest gadgets, from cutting-edge smartphones to high-performance laptops.
그 기술 매장에는 최첨단 스마트폰부터 고성능 노트북까지 다양한 최신 기기가 구비되어 있습니다.

8 Some of the major hotels in Hokkaido have ------- room rates as a way of attracting travelers during the off season.
홋카이도의 일부 주요 호텔들은 비수기 동안 여행객을 유치하기 위해 객실 요금을 인하했습니다.

정답 1 (D) 2 (B) 3 (C) 4 (A) 5 (A) 6 (C) 7 (B) 8 (D)

실전 TEST

MP3 바로듣기

강의 바로보기

LISTENING

• Part 3

1. What are the speakers discussing?
   (A) A technology conference
   (B) A yearly event
   (C) A product launch
   (D) An employment contract

2. What does the man mention about a caterer?
   (A) It was affordable to reserve.
   (B) There will be many staff on site.
   (C) The food quality is outstanding.
   (D) It will serve unlimited refreshments.

3. What is the woman concerned about?
   (A) Finding a venue
   (B) Meeting a deadline
   (C) Getting stuck in traffic
   (D) Staying within a budget

• Part 4

4. Who are the listeners?
   (A) New interns
   (B) Potential investors
   (C) Research participants
   (D) Security workers

5. What has been revised recently?
   (A) A construction proposal
   (B) A reimbursement policy
   (C) An office floorplan
   (D) Some safety guidelines

6. What will the speaker do next?
   (A) Demonstrate how to use a machine
   (B) Set aside a product for inspection
   (C) Handle a customer inquiry
   (D) Give a tour of a workplace

READING

Part 5

7. The recently hired sales team manager had the ------- target of attracting 250 new customers in his first month.

(A) prosperous
(B) spacious
(C) qualified
(D) ambitious

8. Because staff ability and experience are crucial to our firm, an employment background check is ------- for all job applicants.

(A) liable
(B) potential
(C) renewable
(D) mandatory

9. Hotel guests must be ------- if they intend to board our scheduled airport shuttle bus.

(A) eventual
(B) immediate
(C) punctual
(D) accessible

10. Douglas Sports Center also has an ------- outdoor sports field that can accommodate several events consecutively.

(A) alert
(B) immense
(C) automatic
(D) eager

11. A ------- date for this year's jazz festival has been set, but it depends on whether the venue will be renovated in time.

(A) considerable
(B) pending
(C) sudden
(D) tentative

12. The manufacturing process proposed by Mr. Armitage would result in a ------- decrease in operating costs.

(A) spacious
(B) plenty
(C) sizable
(D) durable

13. The new interpretation service should make Gary's Private Car Hire more ------- to foreign tourists.

(A) concerned
(B) separated
(C) attractive
(D) renewed

14. The rooms being renovated on the fourth floor will be ------- for meetings by 9 AM on Monday, January 23.

(A) grateful
(B) available
(C) generous
(D) relevant

• Part 6

Questions 15-18 refer to the following e-mail.

To: Shinsuke Ito <s.Ito@bestapparel.com>
From: Grant Wood <gwood@mbtextiles.com>
Subject: Samples

Dear Mr. Ito,

We welcome the inquiry you made on June 20 and thank you for your interest in our products. Our catalog and some samples are being sent to you today **15.** ------- express mail. Unfortunately, we cannot send you a full range of samples at the present time, but the samples are of the same high quality as the finished products.

16. -------. Mr. Kim, our overseas director, will be in Japan early next month and will be pleased to call on you. He will have a wide range of our products with him, and when you see them, we believe you will agree that the quality of the material and the high standard of craftsmanship will appeal to those who are **17.** ------- about which products they buy.

We very much look forward to **18.** ------- an order from you.

Regards,

Grant Wood

15. (A) with
(B) by
(C) for
(D) in

16. (A) We would like for you to come to our head office.
(B) Our products will be sent out to you tomorrow.
(C) Thank you for sending your feedback on our products.
(D) I have an idea for how you can see our merchandise.

17. (A) preferable
(B) curious
(C) selective
(D) prominent

18. (A) receive
(B) received
(C) be received
(D) receiving

Part 7

Questions 19-20 refer to the following Web page.

http://www.heavenlycatering.com/aboutus

ABOUT US	OUR SERVICES	GALLERY	CONTACT	REVIEWS

Heavenly Catering has been in business for seven years and now boasts an extensive customer base after gaining recognition for our culinary expertise. We offer customized menus upon request, accommodating all dietary preferences and clearly label dishes with stickers displaying the presence of potential allergens. To preview the foods we can provide, we urge you to visit our gallery, which showcases some of our most popular dishes.

In recent years, we have strived to become more environmentally friendly. Although we were never in violation of any governmental standards, we decided to stop using synthetic components and installed energy-efficient kitchen appliances. This approach was also applied to our compact and portable lunchbox range.

If you have a query about our products and services, please contact us! First-time clients can save $50 off their first catering service.

19. What is true about Heavenly Catering?

(A) It was founded ten years ago.
(B) It operates in several business locations.
(C) It is currently hiring new staff.
(D) It includes images of food on its Web site.

20. What did Heavenly Catering do to help the environment?

(A) It made a charitable donation.
(B) It changed its delivery service.
(C) It installed new equipment.
(D) It introduced metal cutlery.

정답 및 해설 p.81

Week 06
정답 및 해설

Day 01 기출 패러프레이징 ①

DAILY QUIZ

1.

남: 죄송합니다만, 저희가 지금 구매 가능한 참나무 테이블이 하나도 없습니다. 다음 주에 새로 배송을 받을 거예요.
여: 전시품은 구매 가능한가요?
남: 저희 매니저님께 확인해 보겠습니다.

Q. 무엇이 문제인가?
(A) 일부 물건들이 없어졌다.
(B) 일부 제품들이 재고가 떨어졌다.

어휘 oak 참나무 available 구매 가능한, 이용할 수 있는 shipment 수송품, 적하물 floor model 전시품 check with + 사람 ~에게 확인해보다 missing 잃어버린, 없어진 out of stock 재고가 없는

2.

남: 제 급여에 대해 자동 예금을 개설하려고 하는데, 어떻게 하는지 모르겠어요.
여: 급여팀의 사만다 씨에게 얘기해 보세요. 그녀가 설명을 해 줄 수 있을 겁니다.
남: 알겠습니다. 점심 식사 후에 가서 만나 봐야겠어요.

Q. 여자는 남자에게 무엇을 할 것을 제안하는가?
(A) 동료에게 연락하기
(B) 상사에게 보고하기

어휘 set up ~을 개설하다 automatic 자동의 deposit 예금 paycheck 급여 Payroll 급여 담당 부서 instruction (무엇을 하거나 사용하는 데 필요한) 설명 contact ~에게 연락하다 report to ~에게 보고하다 supervisor 상사

3.

안녕하세요, 저는 메이플 스트리트 23번지의 아파트 4B호에 사는 제인 도우라고 합니다. 제 냉장고가 제대로 작동하지 않고 있어서 즉시 살펴 볼 필요가 있어요. 가능한 한 빨리 수리 기술자를 보내서 이 문제를 해결하도록 해주세요.

Q. 화자는 무엇에 대해 전화하는가?
(A) 프로젝트 지연
(B) 고장 난 기기

어휘 refrigerator 냉장고 function v. 기능하다, 작동하다 properly 제대로 require ~을 필요로 하다 immediate 즉각적인 attention 관심 repair person 수리 기술자 address (문제 등을) 처리하다 delay 지연, 지체 broken 고장 난 appliance 가정용 기기

Day 02 형용사 ③

표제어 문제 정답 및 해석

1. (B)	**2.** (B)	**3.** (B)	**4.** (B)	**5.** (B)
6. (A)	**7.** (B)	**8.** (A)	**9.** (A)	**10.** (A)
11. (B)	**12.** (A)	**13.** (B)	**14.** (A)	**15.** (B)
16. (B)	**17.** (B)	**18.** (A)	**19.** (A)	**20.** (B)
21. (A)	**22.** (A)	**23.** (A)	**24.** (A)	**25.** (A)
26. (B)	**27.** (A)	**28.** (A)	**29.** (B)	**30.** (A)
31. (A)	**32.** (A)	**33.** (B)	**34.** (A)	**35.** (A)
36. (A)	**37.** (B)	**38.** (A)	**39.** (A)	**40.** (B)

1. 손상된 성당 지붕의 수리는 상당한 시간과 비용을 필요로 할 것이다.
2. 헨리 씨는 사무실 직원들에게 금고에 민감한 정보를 포함하는 모든 서류들을 저장하도록 지시한다.
3. 펄시벌 비스트로에 있는 전용 식사 공간은 최대 20명의 모임을 위한 충분한 장소를 제공한다.
4. 스타릿 기업은 다양한 국적과 배경의 사람들을

특징으로 하는 다양한 인력을 채용한다.

5. 저희는 배송 중에 깨지기 쉬운 제품들이 손상되지 않는 것을 확실히 하기 위해 특별한 포장 재료를 사용합니다.

6. 저희는 새로운 운동 수업에 관해 회원들로부터 전망이 좋은 피드백들을 많이 받아왔습니다.

7. 그 경매가 많은 참석자들을 끌어들였지만, 대부분은 어떤 입찰도 부르는 것을 꺼려했다.

8. 트리온 컨설팅 사는 고객들에게 혁신적이지만 실용적인 해결책을 제공하는 것을 전문으로 한다.

9. 프렛 씨가 연차이지만, 그녀는 긴급한 문제가 있다면 전화로 연락될 수 있다.

10. 크리거 씨는 영국 전역에 걸쳐 20개의 코드모 버거 지점을 개장할 그의 야심찬 계획을 간략하게 말할 것이다.

11. 모든 이사회 임원들이 올해 수입이 20억 달러로 두 배 증가할 수 있다는 기대를 하고 있다.

12. 보수 공사 동안에 개인 독서 공간이 이용할 수 없다는 사실을 도서관 회원들에게 알려드리게 되어 유감입니다.

13. 맷 로저스 씨는 3년 연속으로 올해의 작곡가 상을 받았다.

14. 수많은 지역 주민들이 근처 건설 현장에서 나온 끊임없이 지속되는 소음에 대해 불만을 제기해왔다.

15. 첫 시즌 동안 <서클 오브 프렌즈>를 본 사람이 거의 없었지만, 다음 시즌들은 아주 많은 시청자들을 끌여들였다.

16. 귀하의 노트북을 보호하기 위해, 충전재가 들어있는 견고한 휴대용 가방을 권해드립니다.

17. 남부 전력 고객들은 그들의 월간 에너지 고지서에 전례 없는 인상에 격분했다.

18. 컨벤션 센터에 가까운 에펙스 호텔의 전략적 위치는 그곳을 출장 여행객들에게 인기 있게 만든다.

19. 데스몬드 아쿰바 씨에 의해 쓰여진 새로운 연극은 대다수의 연극 비평가들로부터 가혹한 후기를 받았다.

20. 몇몇 직원들은 연봉 협상의 결과에 실망한 채로 남겨졌다.

21. 직원 카페테리아는 작업조가 새로운 의자와 탁자를 설치하는 동안에 이용할 수 없을 것이다.

22. 다음 달부터, 모든 연체된 요금 지불은 10퍼센트의 관리비의 대상이 될 것입니다.

23. 마커스 토프트 씨는 <엘든 오크스> 텔레비전 쇼에서의 최상의 공연으로 상을 받았다.

24. 육상 위원회는 로스앤젤레스에서 행사를 개최하자는 매우 설득력 있는 주장을 했다.

25. 퀶텟 사의 신형 디지털 카메라는 매우 다양한 환경에서 사용되기에 충분히 다양한 기능들을 지니고 있다.

26. 지원서 양식에 어떠한 세부정보라도 정확하지 않다면, 귀하께서는 행사에 대한 매점 허가증을 발급받을 수 없을 것입니다.

27. 직원들은 월요일 오전 8시 45분에 주간 지점 회의에 참석하는 것이 의무적이라는 것을 상기했다.

28. 이사회 임원들은 새로운 제조 공장의 수익성에 대해 낙관적이다.

29. 존슨 냉장고 사는 고기와 유제품과 같이 상하기 쉬운 상품의 운송을 위해 고안된 용기들을 생산한다.

30. 모든 참가자들은 오전 9시 정각에 호텔 로비에서 출발할 예정인 도시 투어를 위해 시간을 엄수하도록 노력해야 합니다.

31. 새로운 휴대전화 모델의 출시가 제품 테스터들로부터의 호의적이지 않은 피드백 때문에 연기되었다.

32. 샤프 씨는 불만족스러운 고객들이 포함된 민감한 문제들을 처리하는 데 능숙하다.

33. 6개월 전에 회사에 합류한 이후로, 로페즈 씨는 영업팀의 믿을 만한 구성원으로 그 자신을 증명해왔다.

34. 버드 피크 폭포로의 당일 여행은 호텔의 정기적인 셔틀 버스 서비스 덕분에 쉽게 일정을 관리할 수 있다.

35. 월포드 과학 박물관의 새로운 상호적인 전시회는 모든 가족들을 위해 기억할 만한 경험을 제공하는 것을 약속드립니다.

36. 몇몇 직원들은 임시로 고용될 것이고, 그들 중 몇몇은 3월에 정규직 계약을 제안받을 것이다.

37. 분기 재정 보고서는 새로운 광고 캠페인이 매출에 부정적인 영향을 끼쳤다는 것을 보여준다.

38. 투숙객들은 호텔 접수 구역에서 지역 명소에 대한

유익한 소책자를 가져갈 수 있다.

39. 로열티 포인트와 할인 코드는 저희 웹 사이트에서 교환 가능합니다.

40. 주주들은 회사를 캘리포니아에서 텍사스로 이전하자는 만장일치의 결정에 도달했다.

DAILY QUIZ

7.

해석 모든 가능한 연회 장소들 중에, 더 메이플 라운지가 우리 필요에 충분한 유일한 곳으로 보인다.

해설 빈칸에는 빈칸 뒤에 제시된 전치사 for와 어울리면서 더 메이플 라운지가 연회 장소로서 가지는 특징을 나타낼 수 있는 어휘가 와야 하므로 '충분한, 적절한'의 의미의(D)가 정답이다.

어휘 banquet 연회 tentative 잠정적인 extensive 광범위한 adequate 충분한, 적절한

8.

해석 긴급한 조치를 필요로 하는 기술적 문제들은 상대적으로 사소한 다른 문제들보다 먼저 처리되어야 한다.

해설 빈칸에는 빈칸 뒤의 명사 attention을 수식하며, 문제가 먼저 처리되어야 하는 이유를 나타내는 어휘가 필요하다. 따라서 '긴급한' 등의 의미인 (D)가 정답이다.

어휘 attention 조치, 관심 relatively 상대적으로 fluent 유창한 absent 부재한, 결석한 urgent 긴급한

Day 03 형용사 ④

표제어 문제 정답 및 해석

1. (B)	2. (A)	3. (B)	4. (A)	5. (B)
6. (B)	7. (A)	8. (A)	9. (B)	10. (B)
11. (A)	12. (B)	13. (A)	14. (A)	15. (B)
16. (A)	17. (A)	18. (A)	19. (B)	20. (A)
21. (A)	22. (A)	23. (B)	24. (B)	25. (B)
26. (A)	27. (B)	28. (B)	29. (B)	30. (A)
31. (B)	32. (A)	33. (B)	34. (B)	35. (A)
36. (B)	37. (A)	38. (A)	39. (B)	40. (A)

1. 많은 온라인 후기들은 그 식당에서 종업원들이 식사 손님들의 요구에 얼마나 주의를 기울이는지를 언급한다.

2. 근로 계약의 종료 최소 30일 전에 고지하는 것은 필수적이다.

3. 브릿지 씨는 사무실 공간의 개조 이후로, 직원 생산성에서의 뚜렷한 향상에 주목했다.

4. 윈터 씨는 올해의 젊은 작가상의 자랑스러운 수상자였다.

5. 도슨 국립 공원은 등산객들이 길을 잃지 않도록 확실히 하기 위해 뚜렷한 등산로 표시들을 추가했다.

6. 새로운 영화 스트리밍 플랫폼인 플릭스 스타는 10,000개 이상의 영화들의 방대한 목록을 자랑한다.

7. 비용이 많이 드는 기계 고장을 예방하기 위해, 에어컨 시스템에 대한 청소 지침을 따르는 것이 바람직하다.

8. 그 대표이사는 지난주의 자선 모금 행사에서의 상당한 액수의 기부에 대해 호그 씨에게 사적으로 감사했다.

9. 새로운 데이터베이스 시스템에 대해 여전히 익숙하지 않은 직원들은 내일 오후 2시에 워크숍에 참석하도록 요청된다.

10. 그라우스 산의 정상으로의 산책길은 특별히 힘들

지 않고, 모든 나이대의 사람들에게 적합하다.

11. 11월 10일이 서머빌 쇼핑몰의 대개장을 위한 임시 일자로 선택되었다.

12. 국제 금융 총회의 기조 연설자는 유명한 사업가인 알렌 케인 씨일 것입니다.

13. 여러 공장 직원들은 그들이 반드시 수행해야 하는 업무의 반복적인 특성으로부터 초래된 근육통에 대해 불평했다.

14. 우리의 새로운 자동차에 대한 많은 선주문 수치는 지금까지 매우 고무적이다.

15. 그린 힐스는 훌륭한 공원과 학교들 덕분에 가족들을 위한 매우 매력적인 동네가 되었다.

16. 그 파일을 다운로드하기 전에, 직원들은 그 형식이 그들의 모바일 기기와 호환되는지 확인해야 한다.

17. 그 시장은 도시가 육상 행사를 개최하기 위해 선택되도록 확실히 하기 위해 그의 영향력을 최대로 사용하는 것을 목표로 한다.

18. 저희 웹 사이트는 터틀 아일랜드로의 귀하의 방문이 순조롭도록 하기 위해 여러 유용한 팁들을 포함하고 있습니다.

19. 저희 웹 사이트에 회원으로 등록하시자마자, 귀하께서는 변경해야 하는 임시 비밀번호를 받으실 것입니다.

20. 글렌 씨가 밋첨 기업에 합류한 이후로, 그 회사는 연례 지출에서의 30퍼센트의 주목할 만한 감소를 목격했다.

21. 모든 공장 근로자들은 위험한 기계를 가동할 때 보호 마스크 및 장갑을 착용하는 것이 요구된다.

22. 고용 위원회는 결국 오랜 숙고 끝에 헬렌 존스 씨에게 계약을 제안하기로 결정했다.

23. 새로운 환경에 적응하는 것은 힘들 수 있으니, 어떤 도움이라도 필요하시다면 언제든지 저에게 물어보는 것을 주저하지 마십시오.

24. 팻슨 교통공사의 여러 새로운 버스 노선들이 9월에 운영될 것입니다.

25. 작가 스테판 랭 씨의 가장 인기 있는 소설의 최신판은 편집자의 서문을 포함할 것이다.

26. 모든 공장 근로자들은 항상 첨부된 안전 지침을 따라야 한다.

27. 폴니 과학 박물관은 모든 연령대의 방문객들이 흥미롭게 여길 상호작용하는 전시회들이 많이 있다.

28. 우리 이메일 서비스 이용자들은 하루에 받는 스팸 이메일의 양이 압도적인 것에 항상 불평하고 있다.

29. 이 달의 콘서트 시리즈는 세계에서 가장 뛰어난 많은 음악가들을 특집으로 할 것이다.

30. 재포장 과정 동안에, 직원 주차장의 지정된 구역만 사용할 수 있을 것입니다.

31. 모든 메츠 렌탈 사의 차량들은 최고급 인공위성 길 안내 시스템을 완벽하게 갖추고 있습니다.

32. 과도한 소음은 사무실 환경에서의 주된 방해를 일으킬 수 있고, 이는 감소된 생산성으로 이어진다.

33. 인테리어 디자이너인 존 리 씨는 바닥 공간의 경제적인 활용으로 유명하다.

34. 수바투 자동차 사는 대가족들에게 적합한 더 넓은 자동차들을 생산하는 것으로 유명하다.

35. 저희 프랭클린 가스 서비스 사의 창립 20주년 기념 행사에 여러 재능 있는 지역 음악가분들을 모시게 되어 운이 좋다고 생각합니다.

36. 트로이 메뉴펙쳐링 사는 랜드리 씨의 팀이 가장 덜 생산적이며 추가 교육이 필요하다는 것을 알아냈다.

37. 엘링턴 주식회사의 증가하는 직원들의 요구를 충족하기 위해, 회사는 새로운 직원 식당의 건설을 승인했다.

38. 새로운 자부 250 노트북이 다른 컴퓨터들과 비슷하게 보임에도 불구하고, 그것은 지금까지 시장에서 가장 가볍다.

39. 모닝 썬 항공사는 가족들과 5명 또는 그 이상의 단체 고객에 대해 다수의 목적지로 향하는 할인 항공편을 제공하고 있다.

40. 인사부는 고위 경영진과 직원들 사이의 의사소통을 용이하게 하는 데 중요한 역할을 한다.

DAILY QUIZ

7.

해석 각 부장들은 로든 파이낸셜 사에 고용된 이후 지정된 주차 공간을 배정받는다.

해설 빈칸에는 빈칸 뒤에 제시된 복합명사 parking

space를 수식하면서, 고용 이후 부장들이 배정 받는 주차장의 특징을 설명할 수 있는 어휘가 필요하므로 '지정된'이라는 의미의 (D)가 정답이다.

어휘 **assign** ~을 배정하다 **moderate** 완화되다, 누그러뜨리다 **tolerate** ~을 용인하다, 참다 **designated** 지정된

8.

해석 창 씨는 까다로운 상사임에도 불구하고, 그는 여전히 대부분의 직원들에게 인기가 있다.

해설 빈칸에는 빈칸 뒤에 제시된 명사 supervisor를 수식하면서, 창 씨의 특징을 설명할 수 있는 어휘가 필요하다. 문맥상 '부정적인 성격에도 불구하고 대부분의 직원들에게 인기 있다'는 의미가 되어야 자연스러우므로 '까다로운, 힘든'이라는 의미의 (A)가 정답이다.

어휘 **well-liked** 인기 있는 **demanding** 까다로운, 힘든 **collective** 집단의, 공동의

Day 04 형용사+전치사 콜로케이션

표제어 문제 정답 및 해석

1. (B)	**2.** (A)	**3.** (A)	**4.** (B)	**5.** (B)
6. (B)	**7.** (A)	**8.** (B)	**9.** (A)	**10.** (A)
11. (B)	**12.** (A)	**13.** (A)	**14.** (B)	**15.** (A)
16. (A)	**17.** (B)	**18.** (B)	**19.** (A)	**20.** (A)
21. (A)	**22.** (A)	**23.** (A)	**24.** (A)	**25.** (B)
26. (A)	**27.** (B)	**28.** (B)	**29.** (B)	**30.** (A)
31. (B)	**32.** (A)	**33.** (A)	**34.** (A)	**35.** (A)
36. (B)	**37.** (B)	**38.** (A)	**39.** (B)	**40.** (B)

1. 휴가에 대한 모든 요청은 검토의 대상이며, 주로 직급에 의해 결정된다.

2. 인사부장의 직무를 맡은 이후로, 다이아스 씨는 우리 직원들의 요구에 대해 매우 빠른 반응을 보여왔다.

3. 대부분의 청자들에게, 그 밴드에 의해 공연된 커버 곡들이 원래의 버전과 동일하게 들렸다.

4. 모든 로데오 버거 직원들은 교대 근무 마다 1시간의 식사 휴게시간의 자격이 있다.

5. 라트너 씨는 엣지몬트 호텔의 연회장이 우리의 필요에 충분한 단 하나의 장소라고 생각한다.

6. 귀하의 면접 동안, 귀하께서 지원하신 직무와 관련이 있는 정보만을 공유하도록 노력해주십시오.

7. 광고 예산의 대다수가 TV 상업 광고 시리즈를 개발하는 데에 바쳐졌다.

8. 회사의 올해의 직원상에 대한 자격이 있기 위해서는, 5일 이상 결근을 하면 안 된다.

9. 리모델링 작업은 윌밍턴 호텔의 메인 로비를 투숙객들에게 더 매력적이게 만들 것이다.

10. 선글라스의 진열이 계단대 바로 옆에 준비되어서, 쇼핑객들의 눈에 아주 잘 보인다.

11. 그 식당 소유주는 종업원들이 우리 식사 손님들의 요구에 주의를 기울일 것을 요청했다.

12. 한 개의 로봇의 설치와 유지보수는 5명의 직원들의 연봉을 지불하는 것과 동등하다.

13. 공청회 동안, 대부분의 지역 주민들은 버려진 극장의 제안된 철거에 동의하는 것처럼 보였다.

14. 보호 코팅이 처리되지 않은 목재는 습기로부터의 손상에 더 취약하다.

15. 환불을 위해 파손되지 않은 제품을 반품할 때, 고객들은 어떠한 배송 비용에 대해도 책임이 있을 것이다.

16. 우리 인테리어 디자인팀이 사무실 배치에 대해 변경하기 전에, 우리는 이 디자인이 고객들에게 받아들여질 수 있는지를 확실히 할 필요가 있다.

17. 컨트리 클럽의 새로운 회원들은 주차 허가증을 신청해야 하는데, 이것은 6개월 동안 유효하다.

18. 오전 9시에 출발하는 투어에 관심이 있는 호텔 투숙객들은 프론트 데스크 직원에게 알려주셔야 합니다.

19. 에딘버러에 본사를 둔 사타이어 항공사는 암스테르담과 브뤼셀로의 저비용 항공편을 제공하고 있다.

20. 역할극 활동을 위해, 워크숍 참석자들은 그들의 직업 분야에 기반해 그룹으로 분리되었다.

21. 오리엔테이션 시간에, 신입사원들은 특정 부서에

배정될 것이다.

22. 모든 조립 라인 직원들은 공장의 안전 규정을 알고 있는 것으로 예상된다.

23. 루니 씨는 애플비 씨가 특히 공개 연설에 능숙하다고 생각한다.

24. 그 시제품에 추가 수정을 할 것인지에 대한 결정은 고객 피드백에 달려있다.

25. 드월 치과의 새로운 치과의사인 히난 씨는 월요일에 오전 9시부터 예약이 가능할 것이다.

26. A1 레스토랑의 요리사들은 어떠한 식사 손님의 선호에 맞는 주문 제작 요리를 할 수 있다.

27. 오락 시설 복합단지를 건설하는 비용이 높음에도 불구하고, 시 의회 의원들은 그 프로젝트가 경제에 이로울 것이라는 점에 동의했다.

28. 50달러 쿠폰은 헐리 체육관에서 회원권 갱신 비용에 적용될 수 있다.

29. 우롱 지역에 익숙한 많은 환경 과학자들은 몇 달 동안 기온이 계속해서 상승할 것이라고 예측한다.

30. 타란트 씨는 회사 직원들에게 지불되는 연장근무 수당을 줄이는 것에 회의적이었는데, 많은 직원들이 퇴사할 것이라고 생각했기 때문이다.

31. 귀하의 차량이 주차비에서 면제되었는지 확인하시기 위해, 안내판을 참조하십시오.

32. 여행 가이드의 최신 판이 지난 버전과 유사함에도 불구하고, 그것은 도시의 개선된 지도를 포함하고 있다.

33. 청 씨는 그 직무에 대한 가장 자격을 잘 갖춘 후보자로 선정되기 전에 이번 주에 일련의 면접들을 볼 것이다.

34. 귀하의 새로운 하이브 홈 난방 허브는 모든 하이브 라디에이터 스마트 벨브 장치와 호환됩니다.

35. 에드몬드 아서튼 씨에 의해 촬영된 새로운 다큐멘터리는 여행과 탐험에 대해 열정적인 사람들에게 특히 매력적으로 다가갈 것이다.

36. 잔지바 비치 리조트는 귀하의 피드백에 감사하며, 귀하의 다음 방문에 귀하를 환영하기를 고대합니다.

37. 아주 긴 배터리 수명과 극도로 강력한 운영 체제는 지오 3 휴대전화를 다른 선도적인 모델들보다 우수하게 만든다.

38. 롤린스 씨는 작년에 최고 재무 관리자 직책을 맡은 이후로 회사의 연 매출이 20퍼센트 증가한 것에 대해 공로를 인정받고 있다.

39. 일링 현대 미술관의 소유주들은 그들이 어떤 예술 작품을 전시할지에 대해 까다롭다.

40. 젤 스키 리조트에 있는 모든 별장들은 온수 욕조와 바베큐장을 갖추고 있다.

DAILY QUIZ

7.

해석 오전 요가 수업에 관심이 있는 호텔 투숙객들은 누구든지 오전 7시에 헬스장으로 오십시오.

해설 빈칸 뒤에 제시된 전치사 in과 함께 쓰이면서 특정 시간에 헬스장으로 가야 하는 투숙객의 특징을 나타내야 하므로 in과 함께 '~에 관심이 있는'을 의미하는 (C)가 정답이다.

어휘 **interested in** ~에 관심이 있는 **connected** 관련이 있는 **contained** 억제하는, 침착한

8.

해석 최근 취합된 시장 조사 결과에 근거한 그 보고서는 우리의 현재 프로젝트와 관련이 있는 세부사항들만을 포함하고 있다.

해설 빈칸 뒤 전치사 to와 함께 쓰이면서 현 프로젝트와 세부사항의 연관성을 나타낼 수 있는 '~와 관련이 있는'의 의미인 (C)가 정답이다.

어휘 **compile** ~을 취합하다, 편집하다 **relevant to** ~와 관련이 있는 **acceptable** 수용 가능한, 만족스러운 **certain** 확실한

Week 06 실전 TEST

1. (B)	**2.** (A)	**3.** (C)	**4.** (A)	**5.** (D)
6. (D)	**7.** (D)	**8.** (D)	**9.** (C)	**10.** (B)
11. (D)	**12.** (C)	**13.** (C)	**14.** (B)	**15.** (B)
16. (D)	**17.** (C)	**18.** (D)	**19.** (D)	**20.** (C)

1-3.

M: Julie, 1 are you excited for the annual awards banquet? Everyone has been talking about it.
W: I heard the venue is bigger than ever this year!
M: That's right. And 2 our company was able to hire a luxury caterer at a reasonable rate, too.
W: That's great to hear. Have you decided how you're getting to the event yet?
M: I'll probably take public transportation. There's a bus that goes straight there.
W: Wow, that's nice! I had planned to drive there myself, but 3 I was concerned about the potential traffic congestion in that area.

남: 줄리 씨, 연례 시상식 연회가 기대되세요? 모든 사람이 계속 그 이야기를 하고 있어요.
여: 제가 듣기로는 행사장이 올해 그 어느 때보다 더 크다고 하던데요!
남: 맞아요. 그리고 우리 회사에서 합리적인 요금으로 고급 출장 요리 업체도 고용할 수 있었어요.
여: 그 얘기를 들으니 기쁘네요. 행사장에 어떻게 가실지 혹시 결정하셨나요?
남: 저는 아마 대중 교통을 이용할 것 같아요. 그곳으로 곧장 가는 버스가 있거든요.
여: 와우, 잘됐네요! 저는 직접 차를 운전해서 갈 계획이었는데, 그 지역의 잠재적인 교통 혼잡 문제가 걱정되었어요.

어휘 annual 연례적인 banquet 연회 venue 행사장, 개최 장소 than ever 그 어느 때보다 hire ~을 고용하다 caterer 출장 요리 업체 reasonable 합리적인 rate 요금, 비율, 속도, 등급 get to ~로 가다 be concerned about ~을 걱정하다, ~을 우려하다 potential 잠재적인 traffic congestion 교통 혼잡

1. 화자들이 무엇을 이야기하고 있는가?
(A) 기술 컨퍼런스
(B) 연례 행사
(C) 제품 출시
(D) 고용 계약

Paraphrase annual awards banquet
→ yearly event

2. 남자가 출장 요리 업체와 관련해 무엇을 언급하는가?
(A) 예약하기에 가격이 알맞은 곳이었다.
(B) 현장에 많은 직원들이 있을 것이다.
(C) 음식 수준이 뛰어나다.
(D) 무제한 다과를 제공할 것이다.

어휘 affordable 가격이 알맞은 reserve ~을 예약하다 on site 현장에 outstanding 뛰어난, 우수한 unlimited 무제한의 refreshments 다과, 간식

Paraphrase at a reasonable rate
→ affordable

3. 여자는 무엇을 우려하는가?
(A) 행사장을 찾는 일
(B) 마감 기한을 충족하는 일
(C) 교통 체증에 갇혀 있는 일
(D) 예산 범위 내에 머물러 있는 일

어휘 meet ~을 충족하다 get stuck in traffic 교통 체증에 갇히다 budget 예산

Paraphrase traffic congestion
→ Getting stuck in traffic

4-6.

> **4** Welcome to your first day at the CGJ BioTech summer internship. You'll be mainly tasked with assignments in the laboratory, but there will be times where we'll need you to help make social media content to help promote our research projects. Also, **5** our safety regulations have been revised recently. Please remember that when in the lab, loose clothing is not recommended, and long pants and close-toed shoes must be worn at all times. Now, **6** I'm going to give you a tour of our facilities and show you our state-of-the-art equipment.

CGJ 바이오테크 여름 인턴 프로그램의 첫째 날에 오신 것을 환영합니다. 여러분께서는 실험실 내에서의 할당 업무를 주로 맡으시게 되겠지만, 우리 연구 프로젝트를 홍보하는 데 도움이 될 수 있도록 소셜 미디어 콘텐츠를 만드는 데 도움을 주실 필요가 있는 시간도 있을 것입니다. 또한, 우리 안전 규정이 최근에 변경되었습니다. 실험실에 계실 때, 헐렁한 옷차림은 권장되지 않으며, 긴 바지와 발가락 부분이 막힌 신발을 반드시 항상 착용하셔야 한다는 점을 기억하시기 바랍니다. 이제, 제가 우리 시설을 견학시켜 드리고 최신 장비도 보여 드리겠습니다.

어휘 be tasked with ~에 대한 업무를 맡다 assignment (할당되는) 업무 laboratory 실험실(= lab) promote ~을 홍보하다 regulation 규정, 규제 revise ~을 변경하다, ~을 수정하다 recently 최근에 loose 헐렁한 close-toed 발가락 부분이 막힌 at all times 항상 facility 시설(물) state-of-the-art 최신의 equipment 장비

4. 청자들은 누구인가?
(A) **신입 인턴들**
(B) 잠재 투자자들
(C) 연구 참가자들
(D) 보안 직원들

어휘 potential 잠재적인 investor 투자자 participant 참가자

5. 최근에 무엇이 변경되었는가?
(A) 공사 제안서
(B) 환급 정책
(C) 사무실 평면도
(D) 일부 안전 지침

어휘 proposal 제안(서) reimbursement (비용) 환급 policy 정책, 방침 floorplan 평면도

Paraphrase safety regulations
→ safety guidelines

6. 화자가 곧이어 무엇을 할 것인가?
(A) 기계 이용법을 시연하는 일
(B) 점검을 위해 제품 하나를 따로 챙겨두는 일
(C) 고객 문의 사항을 처리하는 일
(D) 근무지 견학을 제공하는 일

어휘 demonstrate ~을 시연하다 how to do ~하는 법 set aside ~을 따로 챙겨두다, ~을 한쪽으로 치워 놓다 inspection 점검 handle ~을 처리하다, ~을 다루다 inquiry 문의

Paraphrase give you a tour of our facilities
→ Give a tour of a workplace

7.

해석 최근에 고용된 영업팀 부장은 입사 첫 달에 250명의 신규 고객을 유치하겠다는 야심찬 목표를 갖고 있었다.

해설 빈칸에는 빈칸 뒤에 제시된 명사 target을 수식해 250명의 신규 고객을 유치하는 목표가 지니는 특징을 나타내야 하므로 '야심찬'을 뜻하는 (D)가 정답이다.

어휘 prosperous 번영한, 번창한 spacious 넓은 ambitious 야심찬

8.

해석 직원들의 능력과 경험은 우리 회사에 중요하므

로, 모든 구직 지원자들에 대한 취업 이력 확인은 의무적이다.

해설 빈칸 앞에는 직원들의 능력과 경험이 중요하다는 내용이 있으므로 빈칸 뒤에 제시된 지원자들의 고용 이력을 확인하는 일이 꼭 필요하다는 것을 알 수 있다. 따라서 '의무적인'이라는 의미의 (D)가 정답이다.

어휘 liable ~하기 쉬운, ~할 것 같은 renewable 갱신 가능한, 재생 가능한 mandatory 의무적인

9.

해석 호텔 투숙객들께서는 저희의 예정된 공항 셔틀 버스를 승차하실 계획이 있다면 반드시 시간을 엄수하셔야 합니다.

해설 빈칸에는 예정된 셔틀 버스를 탈 의향이 있는 호텔 투숙객들이 지켜야 할 사항과 관련된 어휘가 와야 한다. 따라서 '시간을 엄수하는'이라는 의미를 나타내는 (C)가 정답이다.

어휘 board 승차하다, 승선하다 eventual 궁극적인, 최종의 immediate 즉각적인 punctual 시간을 엄수하는

10.

해석 더글라스 스포츠 센터는 또한 여러 행사를 연속해서 수용할 수 있는 엄청난 야외 운동 경기장도 가지고 있다.

해설 빈칸에는 빈칸 뒤에 제시된 명사구 outdoor sports field를 수식하면서 여러 행사를 연속으로 수용할 수 있는 규모를 나타낼 수 있는 어휘가 필요하므로 '엄청난 (양의), 방대한 (크기의)'이라는 뜻의 (B)가 정답이다.

어휘 consecutively 연속해서 alert 기민한, 조심성 있는 immense 엄청난 (양의), 방대한 (크기의)

11.

해석 올해 재즈 축제의 잠정적인 일자가 정해졌지만, 그것은 그 장소가 시간 내에 개조될 것인지에 달려 있다.

해설 빈칸 뒤에 축제 장소가 제시간에 개조가 완료되는지에 달려 있다는 내용이 언급되어 있으므로 축제 행사의 날짜가 확정된 것이 아니라는 것을 알 수 있다. 따라서 '잠정적인, 임시의'이라는 의미의 (D)가 정답이다.

어휘 in time 시간 내에, 제시간에 pending 임박한 sudden 갑작스러운 tentative 잠정적인, 임시의

12.

해석 아미티지 씨에 의해 제안된 제조 공정은 운영 비용의 상당한 감소를 초래할 것이다.

해설 빈칸에는 제안된 제조 공정이 영향을 끼친 운영 비용의 감소 수준을 나타낼 어휘가 필요하므로 '(크기, 액수가) 상당한'이라는 의미의 (C)가 정답이다.

어휘 operating 운영 spacious 넓은 sizable (크기, 액수가) 상당한 durable 오래 가는, 내구성 있는

13.

해석 새로운 통역 서비스는 개리 프라이빗 렌터카를 외국 관광객들에게 더 매력적으로 만들 것이다.

해설 빈칸에는 새로 추가되는 서비스가 기업에 미치는 영향을 나타내는 어휘가 필요하므로 빈칸 뒤의 전치사 to와 함께 '~에게 매력적인'이라는 뜻의 (C)가 정답이다.

어휘 interpretation 통역 attractive to ~에게 매력적인 separated 분리된

14.

해석 4층에서 보수공사 중인 공간들은 1월 23일 월요일 오전 9시까지 회의를 위해 이용 가능할 것이다.

해설 빈칸 앞에 제시된 주어인 rooms가 빈칸 뒤에 언급된 특정 일시까지 이용 가능할 것이라고 해석하는 것이 자연스러우므로 빈칸 앞에 제시된 전치사 for과 함께 '~을 이용 가능한, ~을 위한 시간이 있는'이라는 뜻인 (B)가 정답이다.

어휘 available for ~을 이용 가능한, ~을 위한 시간이 있는 by ~까지 grateful 기쁜 generous 관대한

15-18.

수신: 신수케 이토 <s.Ito@bestapparel.com>
발신: 그랜트 우드 <gwood@mbtextiles.com>
주제: 견본들

이토 씨께,

저희는 귀하가 6월 20일에 보내주신 문의를 환영하는 바이며, 저희 상품에 대한 귀하의 관심에 감사드립니다. 오늘 저희의 카탈로그와 몇몇의 견본들이 속달 우편 **15** 으로 귀하에게 보내질 것입니다. 안타깝게도, 저희는 현재 전체 종류의 견본들을 귀하께 보낼 수가 없지만, 견본들은 완제품과 같은 고품질입니다.

16 귀하가 저희 상품을 보실 수 있는 방법에 대해 한 가지 생각이 있습니다. 저희의 해외 담당 이사인 김 씨께서 다음 달 초에 일본에 계실 것이며, 귀하를 기꺼이 방문하실 것입니다. 그는 다양한 저희 상품을 가지고 있을 것이며, 귀하가 그것들을 보면, 재료의 품질과 높은 수준의 솜씨가 그들이 구매하는 제품들에 대해 **17** 까다로운 사람들에게 매력적일 것이라는 점에 동의하시리라 생각합니다.

저희는 귀하로부터의 주문을 **18** 받을 수 있기를 아주 많이 기대하고 있습니다.

안녕히 계십시오.

그랜트 우드

어휘 make an inquiry 문의하다 finished product 완제품 call on ~을 방문하다 craftsmanship 솜씨, 장인정신 appeal to ~에게 매력적이다

15.

해설 빈칸 앞에 이메일의 작성자가 견본들을 보낸다는 내용이, 빈칸 뒤에 속달 우편이 제시되어 있으므로 속달 우편이 견본들을 보내는 수단임을 알 수 있다. 따라서 '~으로, ~을 사용하여'라는 의미의 (B)가 정답이다.

16.

(A) 저희는 귀하가 저희의 본사로 오시기를 바랍니다.
(B) 저희 제품이 내일 귀하에게 발송될 것입니다.
(C) 저희 제품에 대한 피드백을 보내주셔서 감사합니다.
(D) 귀하가 저희 상품을 보실 수 있는 방법에 대해 한 가지 생각이 있습니다.

해설 빈칸 앞 문단에서 '전체 견본들을 보내주지 못하지만, 일부 견본들은 보내주겠다'는 내용이 언급되어 있고, 빈칸 뒤에 '해외 담당 이사가 방문해서 다양한 제품을 보여줄 것이다'라는 내용이 언급되어 있다. 따라서 빈칸에는 '제품을 볼 수 있는 방법에 대한 생각이 있다'라는 내용의 (D)가 정답이다.

17.

해설 빈칸에는 빈칸 앞에 제시된 자사 재료의 품질과 높은 수준의 솜씨가 제품을 구매하는 사람들에게 매력적일 것이라는 내용이 언급되어 있으므로 빈칸에는 고객들에 대한 특성을 설명할 수 있는 어휘가 와야 한다. 따라서 전치사 about과 함께 '~에 대해 까다로운'의 의미를 가진 (C)가 정답이다.

어휘 selective about ~에 대해 까다로운 curious 호기심이 많은 prominent 저명한

18.

해설 빈칸 앞에 look forward to가 제시되어 있으므로 전치사 to 뒤에 올 수 있는 동명사 (D)가 정답이다.

19-20.

http://www.heavenlycatering.com/aboutus				
소개	서비스	19 갤러리	연락처	후기

헤븐리 케이터링 사는 7년 동안 영업 중이며, 요리 솜씨에 대한 명성을 얻은 후로 현재는 광범위한 고객층을 자랑합니다. 저희는 모든 식단 선호도를 수용하여 요청 시에 맞춤 메뉴를 제공하고, 요리에 잠재적인 알레르기 유발 항원의 존재를 나타낸 스티커를 사용해 분명하게 라벨을 붙이고 있습니다. **19** 저희가 제공하는 음식들을 미리 보시려면, 저희의 가장 인기 있는 요리들 중 일부를 소개하는 갤러리를 방문하실 것을 권고 드립니다.

최근 몇년 동안, 저희는 더욱 환경 친화적이도록 노력해오고 있습니다. 비록 어떠한 정부 기준의 위반도 없었지만, 저희는 합성 구성품들을 사용하는 것을 중지하기로 결정하고, **20** 에너지 효율적인 주방 기구들을 설치했습니다. 이러한 접근은 또한 소형 휴대용 런치박스 제품군에도 적용되었습니다.

저희 제품과 서비스에 관해 문의사항이 있으시다면, 저희에게 연락주세요! 첫 고객님은 첫 케이터링 서비스에 대해 50달러를 절약하실 수 있습니다.

어휘 in business 영업 중인 boast ~을 자랑하다 culinary 요리의 customized 맞춤의 upon request 요청 시에 dietary preference 식단 선호도 presence 존재(감) allergen 알레르기 유발 항원 urge ~을 권고하다, 촉구하다 showcase ~을 소개하다 in violation of ~을 위반하여 synthetic 합성의 approach 접근(법) compact 소형의 portable 휴대용의

19. 헤븐리 케이터링 사에 대해 사실인 것은 무엇인가?

(A) 10년 전에 설립되었다.
(B) 여러 사업 지점을 운영한다.
(C) 현재 새로운 직원들을 채용 중이다.
(D) 자사 웹 사이트에 음식 사진을 포함한다.

해설 첫 번째 문단 마지막 줄에 헤븐리 케이터링 사가 제공하는 음식을 미리 보려면, 인기 있는 메뉴를 보여주는 갤러리를 방문해달라고 언급하고 있는데, 지문 상단에 GALLERY 탭을 확인할 수 있으므로 (D)가 정답이다.

20. 헤븐리 케이터링 사는 환경을 돕기 위해 무엇을 했는가?

(A) 자선 기부금을 냈다.
(B) 배송 서비스를 변경했다.
(C) 새로운 장비를 설치했다.
(D) 금속 식기류를 도입했다.

해설 두 번째 문단에 헤븐리 케이터링 사는 환경에 대한 정부 규정을 위반한 적이 없지만, 환경친화적이기 위해 합성 구성품들의 사용을 중단하고, 에너지 효율적인 주방 기구들을 설치했다는 내용이 나와 있다. 따라서 환경을 위해 새 장비를 설치했다는 내용의 (C)가 정답이다.

어휘 charitable 자선의 cutlery 식기류

시원스쿨 LAB